¿Tu Cerebro Está Listo Para Vender?

Neurociencia, Psicología y Ritmos de Decisión que Impulsan las Ventas

PAULETTE HERNÁNDEZ MILLÁN

Publicado por Pauwerful Strategy LLC

Orlando, Florida, Estados Unidos

www.pauwerfulstrategy.com

Primera edición, 2026

ISBN: 978-1-7371121-1-2

Diseño de portada: Pauwerful Strategy, LLC

Primera Edición

Para permisos, contacta: customerservice@pauwerfulstrategy.com

Dedicatoria y Agradecimientos

Dicen que se necesita una tribu para salir adelante. Napoleon Hill lo llamó el equipo de ***mastermind***. Yo lo llamo mi círculo de poder.

A José Martínez, mi esposo, y a mis hijos: ustedes son la razón de todo. Son el impulso constante que me exige crecer, no conformarme y seguir construyendo. Este libro es tan suyo como mío.

A Luis Javier Torrealba, mi profesor y coach, quien me ayudó a dar forma al título de esta obra y a profundizar en el subconsciente y la reprogramación mental. Gracias por ver en mí un potencial que aún no reconocía.

A Odette Álvarez, mi terapeuta y sostén en este proceso. Porque sí, también quienes guiamos a otros necesitamos vaciarnos, ordenar y sanar. Gracias por acompañarme con firmeza y generosidad.

A Elsa Tió, mi prima, escritora, poeta e historiadora, por creer en mí desde el inicio y por guiarme en el mundo de la publicación con la claridad de quien entiende que el conocimiento se comparte.

A Saira Rivas, mi mejor amiga y hermana de vida por casi 30 años.
Gracias por tu apoyo incondicional, por leer este libro con atención y por brindarme una retroalimentación honesta y valiosa.

Y a Dios, por sostenerme en cada etapa. Por levantarme cuando caí y por mantener viva la fe y el entusiasmo cuando el camino se volvía incierto. Sin fe y sin entusiasmo, nada de lo que vale la pena perdura.

Índice

Introducción

El momento correcto cambia la decisión

Durante años, creé campañas de mercadeo que funcionaban. Mensajes bien construidos, creatividad sólida, presupuestos bien invertidos. Mis clientes cerraban ventas. Sus negocios crecían. Yo sabía exactamente qué hacer.

Excepto cuando se trataba de mí misma.

Hubo un momento en que tuve que detenerme y hacerme una pregunta incómoda: ¿por qué lo que les enseñaba a mis clientes no me estaba funcionando a mí de la misma manera? No era falta de conocimiento. No era falta de esfuerzo. Era otra cosa, algo que yo todavía no sabía nombrar.

Eso me llevó a un proceso de autoevaluación honesto que cambió completamente cómo entiendo las ventas. Empecé a comprar libros, a estudiar programación neurolingüística (PNL), a integrar lo que sabía de estrategia comercial con lo que estaba aprendiendo sobre cómo funciona el cerebro humano cuando toma decisiones. Y entre más estudiaba, más claridad tenía sobre algo que muy pocos en el mundo de los negocios quieren admitir: vender no es una habilidad de persuasión. Es un proceso que ocurre, o no ocurre, dependiendo del estado mental de la persona que decide.

Lo que descubrí fue más profundo de lo que esperaba.

Trabajando con clientes a lo largo de los años, en industrias tan distintas como tecnología, farmacéutica, hospitalidad y servicios profesionales, noté un patrón que se repetía. Había personas que entendían perfectamente el valor de lo que se les ofrecía, que reconocían que lo necesitaban, pero que simplemente no cerraban. No era el precio. No era la oferta. Era algo interno que los frenaba, y en muchos casos ellos mismos no sabían que ese freno existía.

Con el tiempo aprendí a identificar esos bloqueos. Algunos venían de creencias sobre el dinero formadas en la infancia. Otros de miedos al fracaso o al éxito que operaban completamente por debajo de la conciencia. Personas que habían vivido escasez de niños y que, aunque ya tenían los recursos para invertir en su negocio, el subconsciente les decía que no era seguro avanzar. Esos miedos no aparecen en ningún embudo de conversión. No se resuelven con un mejor escrito. Y no desaparecen porque el vendedor sea más insistente.

Lo que sí cambia las cosas es entender cuándo y cómo el cerebro está listo para decidir.

La mayoría de los libros de ventas y mercadeo enseñan técnicas: redacción publicitaria, cierres, embudos, posicionamiento. Todo eso tiene valor. Pero hay un factor que casi nunca se considera, y es el que más impacto tiene en el resultado: el estado mental y biológico de la persona en el momento exacto en que recibe una oferta.

Las decisiones no ocurren en el vacío. El cerebro humano responde cada día a una combinación de señales químicas, emocionales y cognitivas que determinan cómo percibimos el riesgo, cómo evaluamos una oportunidad y si finalmente actuamos o nos protegemos. Eso significa que el momento en que, una propuesta llega puede ser tan determinante como la propuesta misma.

A lo largo de la semana, el cerebro atraviesa estados psicológicos distintos. Hay días para aprender, días para analizar y días para decidir. Sin embargo, la mayoría de las estrategias comerciales ignoran completamente estos ciclos. Se lanza el mismo mensaje todos los días, a la misma hora, con la misma intensidad, esperando que la repetición haga el trabajo que solo el momento oportuno puede hacer.

El resultado es lo que muchos vendedores y dueños de negocio conocen bien: esfuerzo constante, resultados inconsistentes, y la sensación de que algo falta, aunque el mensaje sea bueno.

En los últimos años, investigaciones en neurociencia, psicología del comportamiento y economía conductual han empezado a explicar con mayor precisión qué ocurre en el cerebro durante una decisión de compra. Sabemos que la anticipación de recompensa, la fatiga de decisión, la percepción de riesgo y los ciclos de estrés y recuperación influyen directamente en cómo una persona reacciona ante una oferta. Integrar ese conocimiento con la estrategia comercial no es un lujo académico. Es una ventaja práctica.

Este libro es el resultado de más de dos décadas trabajando en mercadeo y ventas, combinadas con años de estudio en comportamiento humano, PNL y los mecanismos que realmente mueven las decisiones. No está escrito desde la teoría pura. Está escrito desde haber estado en ambos lados de la mesa, como la profesional que ejecutaba campañas perfectas para otros y como la persona que tuvo que entender por qué esas mismas herramientas no le funcionaban a ella hasta que cambió la forma de mirar el proceso.

A lo largo de estas páginas vas a descubrir cómo ciertos patrones psicológicos y biológicos se repiten semana tras semana, creando ventanas específicas para educar, presentar y cerrar. Vas a entender por qué el final de la semana puede ser el mejor momento para ciertas decisiones, por qué el domingo en la noche activa un impulso de reinicio que muy pocos están aprovechando, y cómo el cerebro responde de manera completamente distinta a la información dependiendo de la carga cognitiva del momento.

También vamos a hablar de algo que pocos abordan directamente: los bloqueos subconscientes que impiden que personas capaces, preparadas y con recursos tomen decisiones que les beneficiarían. Porque a veces el problema no es el mensaje, ni el momento, ni la oferta. Es una conversación interna que el prospecto no sabe que está teniendo.

Cuando todo esto se entiende y se integra, vender deja de sentirse como una batalla.

Se convierte en un proceso. Uno que puedes diseñar, ajustar y repetir.

Porque las ventas más efectivas no dependen solo de lo que dices.

Dependen de cuándo lo dices, de cómo está el cerebro de quien lo recibe, y de si esa persona tiene internamente el espacio para decidir.

Eso es exactamente lo que vas a aprender aquí.

Capítulo 1

Dopamina anticipatoria y la ventana de decisión al final de la semana

Aprendí esto antes de graduarme.

En mi clase de campaña publicitaria en la Universidad del Sagrado Corazón en Puerto Rico, una de las primeras lecciones prácticas que recibí no tenía nada que ver con creatividad ni con estrategia de medios. Tenía que ver con el calendario. La profesora fue directa: si vas a presentarle una campaña a un cliente, hazlo el miércoles. No el lunes, que está en reuniones de equipo de trabajo o ejecutando lo que se decidió en esa reunión de equipo de trabajo. No el jueves ni el viernes, porque mentalmente ya están pensando en el *happy hour*. El miércoles, cuando la semana está en marcha, pero todavía hay espacio para pensar.

Esa lección me pareció simple en ese momento. Con los años entendí que era una de las más importantes que recibí.

Porque esa misma lógica que aplicaba para saber cuándo presentarle una campaña a un cliente también explicaba algo que viví del otro lado de la mesa: la adrenalina del cierre de semana. Cuando trabajas en ventas o en agencia, el viernes no es un día de descanso anticipado. Es el día en que tienes que poner números en el reporte del lunes. ¿Se cumplió la proyección? ¿Qué avances hubo? Esa presión tiene una energía particular, y esa energía afecta cómo decides, cómo actúas y qué tan dispuesto estás a cerrar lo que llevas días procesando.

Lo que no sabía entonces es que había una explicación neurológica detrás de todo eso.

Años después, cuando empecé a estudiar el comportamiento humano más sistemáticamente, encontré el concepto que le daba nombre a lo que había observado toda mi carrera: la dopamina anticipatoria. Y con él, empezó a encajar todo.

Qué es la dopamina anticipatoria y por qué importa en ventas

La dopamina tiene fama de ser la "hormona del placer", pero esa descripción es incompleta y lleva a confusiones. Lo que realmente hace la dopamina, según la neurociencia contemporánea, es preparar al cerebro para actuar. Participa en procesos de motivación, aprendizaje y anticipación de recompensa. Una de sus funciones centrales es ayudar al cerebro a codificar el valor esperado de una situación: cuánto espera obtener y qué tan cerca percibe que está de lograrlo. En otras palabras, la dopamina no responde solo a recibir algo. Responde a la expectativa de recibirlo.

Esto tiene una traducción directa al mundo de las ventas.

Cuando una persona llega al jueves o al viernes de una semana laboral normal, algo cambia en su estado interno. No es solo cansancio. Es la sensación de "ya casi". Ya casi termina la semana. Ya casi descansa. Ya casi cierra los pendientes que lleva cargando desde el lunes. Esa proximidad percibida a una recompensa, aunque sea algo tan cotidiano como el fin de semana, activa mecanismos reales en el cerebro.

Hay un fenómeno que describe exactamente esto: el *goal-gradient effect*, que en español podría traducirse como el efecto de proximidad a la meta. A medida que una recompensa o un objetivo se percibe más cercano, las personas tienden a aumentar el esfuerzo y a acelerar la conducta orientada a alcanzarlo. Su lógica encaja perfectamente con lo que ocurre en el cerebro al final de una semana de trabajo.

Lo viví de manera muy concreta trabajando con clientes y equipos de ventas. Enviaba una propuesta un lunes y no había respuesta. No porque la propuesta fuera mala. Muchas veces era la misma propuesta, prácticamente idéntica, que reenviaba o presentaba de nuevo el jueves, y cerraba. La diferencia no estaba en el documento. Estaba en el estado mental de la persona que lo recibía. El lunes, ese cliente estaba en modo de organización, apagando fuegos, respondiendo lo urgente. El jueves, estaba buscando resolver, cerrar, avanzar antes de que llegara el fin de semana.

Cuando empecé a observar ese patrón de manera consciente, noté que los cierres se concentraban en ciertos días con una regularidad que no podía ser coincidencia. No era magia ni intuición. Era el momento oportuno. Y el momento oportuno, entendido correctamente, es estrategia.

El problema de tratar todos los días igual

Uno de los errores más comunes en ventas y mercadeo es actuar como si el lunes y el viernes fueran psicológicamente equivalentes. No lo son. El lunes, la mayoría de las personas está reorganizando su semana, respondiendo lo que se acumuló, estableciendo prioridades. No es el momento ideal para pedirle a alguien que tome una decisión importante. El miércoles, como aprendí desde la universidad, es terreno más fértil para presentar, para que la mente tenga espacio real de evaluar. El jueves y el viernes, para quien ya tiene la información, puede ser el momento de cerrar.

Esto no es una regla rígida. Es una pauta estratégica basada en cómo funciona realmente el cerebro humano a lo largo de la semana. Y cuando se usa con inteligencia, cambia los resultados sin que tengas que cambiar una sola palabra de tu propuesta.

El dueño de negocio que publica la misma clase de contenido todos los días sin considerar el estado cognitivo de su audiencia está dejando dinero sobre la mesa. El vendedor que hace el mismo tipo de llamada un lunes a las ocho de la mañana que un jueves a las dos de la tarde también lo está haciendo. No porque el mensaje sea malo. Sino porque no está leyendo el momento.

La fatiga de decisión y el cierre de semana

Hay otra variable que entra en juego hacia el final de la semana: la fatiga de decisión. A lo largo del día, y especialmente a lo largo de toda una semana laboral, el cerebro toma cientos de decisiones. Algunas pequeñas, otras más complejas. Cada una consume recursos cognitivos. Cuando esos recursos disminuyen, el cerebro busca simplificar, posponer o evitar el esfuerzo adicional.

Esto explica algo que todo vendedor ha vivido: el prospecto que dice "déjame pensarlo" y nunca vuelve. Muchas veces no es falta de interés. Es agotamiento. El cerebro cansado no decide, evita.

Aquí el final de la semana puede jugar de dos formas distintas. Para muchas personas, la proximidad del descanso activa un impulso de cerrar pendientes antes de desconectarse. Para otras, si la semana fue especialmente pesada, el viernes puede ser el peor momento porque el cerebro simplemente ya no tiene energía para decidir nada.

Por eso este libro no propone fórmulas mágicas. Propone lectura estratégica del contexto. La combinación de anticipación de recompensa, cercanía al descanso y necesidad de cerrar ciclos puede crear una ventana de decisión, pero solo si tu propuesta reduce fricción en lugar de añadirla.

La lección central del capítulo

Las personas no deciden igual todos los días porque no piensan, sienten ni anticipan igual todos los días. El final de la semana, en contextos laborales convencionales, puede crear condiciones más favorables para ciertas decisiones porque combina proximidad a una recompensa, deseo de cerrar ciclos y cambios reales en la experiencia subjetiva de la carga semanal.

Para quien vende, esto no debe quedarse en teoría. Debe convertirse en disciplina. Observa cuándo tus prospectos responden mejor. Ajusta el tipo de mensaje al estado mental probable de ese momento. Y deja de pensar que vender es únicamente tener un buen argumento.

Muchas veces la diferencia entre una venta que cierra y una que se enfría no está en lo que dijiste.

Está en cuándo lo dijiste.

Capítulo 2

El efecto Zeigarnik inverso: por qué el cerebro busca cerrar lo que empieza

Yo nací vendiendo.

A los 14 años tenía mi propio centro de tutorías en los bajos de la casa de mi abuela. Once niños. Todos sacaban A. Uno de mis clientes era un abogado cuyos hijos habían estado fracasando hasta que llegaron conmigo. Me pagaba 200 dólares a la semana por dos horas, tres días. En los años 90, para una adolescente en Puerto Rico, eso era una fortuna.

Antes de eso fui Niña Escucha. Vendía galletas con una convicción que no distinguía entre un cliente ideal y uno complicado. Les podía vender galletas hasta a los diabéticos. En la escuela escribía poemas para los muchachos que querían conquistar a alguien — fui responsable de varios noviazgos. A los 15 ya trabajaba en perfumería en Sears.

En esa época no pensaba en el rechazo. No analizaba el día de la semana ni si era el momento correcto. Simplemente vendía porque creía en lo que ofrecía y no le tenía miedo al no. Cada conversación tenía un inicio, un desarrollo y un cierre. Natural. Sin drama.

Lo que no sabía entonces es que estaba aplicando, por puro instinto, uno de los principios más importantes del comportamiento humano: el cerebro necesita cerrar lo que abre. Y cuando tú le das estructura para hacerlo, cierra. Cuando no se la das, se queda flotando en un limbo que casi siempre termina en silencio.

Eso tiene nombre. Se llama el efecto Zeigarnik.

Qué es el efecto Zeigarnik y por qué importa en ventas

En la década de 1920, la psicóloga soviética Bluma Zeigarnik estaba sentada en un café en Viena cuando notó algo curioso en los meseros. Recordaban con precisión extraordinaria los pedidos que aún no habían sido servidos. Pero en cuanto un pedido se completaba, lo olvidaban casi de inmediato. La mente los soltaba porque el ciclo estaba cerrado.

A partir de esa observación surgió lo que hoy conocemos como el efecto Zeigarnik: la tendencia del cerebro humano a mantener activas, en la memoria y en la atención, las tareas que quedaron incompletas. Una tarea sin cerrar no desaparece. Genera una tensión psicológica persistente, una especie de señal de fondo que sigue activa hasta que el ciclo se resuelve.

Piensa en una serie de televisión que dejaste a la mitad. O en una conversación que quedó sin respuesta. O en una decisión que llevas semanas "pensando". Esa incomodidad de fondo, esa sensación de "esto sigue pendiente", es el efecto Zeigarnik en acción.

Ahora lleva eso al mundo de las ventas.

Cuando un prospecto tiene una conversación contigo, escucha tu propuesta, muestra interés genuino y luego no toma una decisión, ese proceso no desaparece de su mente. Queda abierto. Sigue ahí, ocupando espacio mental, generando una tensión que el cerebro tarde o temprano va a querer resolver.

Eso debería ser una ventaja para el vendedor. Y puede serlo, si se maneja bien.

Pero aquí entra el matiz que cambió completamente mi forma de entender los cierres. Lo llamo el efecto Zeigarnik inverso, y es lo que ocurre cuando el cerebro, en lugar de usar esa tensión para avanzar, la usa para evitar.

Cuando el ciclo abierto se convierte en parálisis

El miedo a las ventas me llegó tarde. No de niña, cuando vendía con total naturalidad. Me llegó cuando empecé a ocupar posiciones ejecutivas, cuando las ventas dejaron de ser conversaciones y se convirtieron en procesos formales con reportes, proyecciones y expectativas de cierre.

De repente vender ya no era fluido. Era una actuación. Y en esa transición, empecé a cometer un error que muchos profesionales cometen sin darse cuenta: suavizaba tanto el cierre que lo volvía invisible.

Terminaba mis conversaciones con frases como "bueno, seguimos hablando" o "me avisas cómo lo ves". Educada. Sin presión. Y completamente inefectiva.

Aquí es donde el efecto Zeigarnik se voltea en tu contra si no lo manejas bien. El cerebro quiere cerrar lo que abre, sí. Pero también quiere ahorrarse el trabajo. Y cuando una decisión no tiene un camino claro, cuando el proceso queda flotando sin estructura, el cerebro no cierra. Pospone. No porque no quiera resolver, sino porque resolver se siente más difícil que esperar. Eso es lo que yo estaba creando sin saberlo cada vez que terminaba una conversación con un "me avisas".

Tuve un cliente que ilustra esto perfectamente. Tres conversaciones. Interés genuino en cada una. Salíamos bien de cada reunión. Pero yo nunca definí un siguiente paso concreto. Nunca establecí una ventana de decisión. Nunca le di a ese cliente un camino claro para cerrar el ciclo que habíamos abierto juntos.

¿Qué pasó? El proceso quedó flotando. Cada semana que pasaba, otras prioridades ocupaban su atención. La tensión del ciclo abierto seguía ahí, pero perdía urgencia frente a todo lo demás. Eventualmente, simplemente dejó de responder. No fue un rechazo. Fue una muerte silenciosa por falta de dirección.

Cuando entendí esto, entendí también por qué la niña de 14 años cerraba mejor que la ejecutiva con MBA. No porque tuviera más conocimiento. Sino porque instintivamente siempre definía el siguiente paso. Si un padre mostraba interés en las tutorías, salía de esa conversación con un día, una hora y un acuerdo. El ciclo no quedaba abierto. Se cerraba.

La diferencia entre presionar y estructurar

Aquí es donde muchos vendedores cometen el error opuesto: cuando ven que un prospecto se está enfriando, aumentan la presión. Más emails. Más llamadas. Más mensajes. La lógica detrás es comprensible. Pero esa lógica ignora completamente lo que ocurre en el cerebro del prospecto.

Cuando alguien recibe un seguimiento que no esperaba, en un momento que no es conveniente, sobre una decisión que ya está procesando a su propio ritmo, la respuesta no es interés renovado. Es resistencia.

La presión le dice al cerebro que hay una amenaza. La estructura le dice al cerebro que hay un camino.

Son dos experiencias completamente distintas.

Cuando defines el siguiente paso al final de una conversación, no estás presionando. Estás respetando el tiempo y la energía mental de tu prospecto lo suficiente como para no dejarlo solo frente a una decisión sin mapa.

Ponlo en práctica

Diagnóstico — Evalúa tu proceso actual

¿Cómo terminan normalmente tus conversaciones de venta? ¿Con un siguiente paso definido o con una frase abierta?

¿Cuántos prospectos tienes ahora mismo que mostraron interés, pero no han tomado una decisión? ¿Cuánto tiempo llevan en ese limbo?

Cuando haces seguimiento, ¿retomas la conversación desde donde quedó o básicamente empiezas desde cero?

¿Tus prospectos saben exactamente qué pasa después de hablar contigo, o eso queda a su interpretación?

Guiones listos para usar

Para cerrar una conversación con siguiente paso claro:

"Antes de que nos despidamos, quiero asegurarme de que esto no quede flotando. ¿Te parece si agendamos 15 minutos el [día específico] para que me cuentes cómo lo viste y resolvemos cualquier pregunta que surja? Así no pierdes el hilo y yo puedo ayudarte a tomar la decisión con claridad."

Para retomar un prospecto que quedó en pausa:

"Hola [nombre], hace unos días hablamos sobre [tema específico] y quedamos en que lo ibas a revisar. Quería escribirte porque ese espacio sigue disponible, pero lo cierro el [fecha]. Si todavía tiene sentido para ti, este es el momento."

Para cuando el prospecto dice 'déjame pensarlo':

"Claro, es una decisión importante y tiene todo el sentido tomarse el tiempo. Para ayudarte a pensar con claridad, ¿qué es lo que todavía no está del todo claro para ti?"

La lección central del capítulo

El cerebro humano está diseñado para cerrar lo que abre. Esa tensión es real y trabaja a tu favor, pero solo si le das una estructura donde resolverse.

Un ciclo abierto sin dirección no se cierra solo. Se enfría. Y un prospecto enfriado no es un rechazo, es una oportunidad que murió por falta de arquitectura en el proceso.

Tu trabajo no es convencer más fuerte. Es estructurar mejor.

Capítulo 3

El *Sunday Reset Effect*: por qué muchas decisiones comienzan el domingo en la noche

Tengo un hábito que llevo años practicando y que pocas personas en mi círculo conocen.

Cada domingo en la noche, antes de cerrar el día, abro mi agenda. No para revisar lo que ya pasó, sino para preparar lo que viene. Reorganizo, ajusto prioridades, anoto lo que necesito atender y defino cómo quiero comenzar la semana. No es un ejercicio largo ni complicado. Pero es constante. Y ha cambiado completamente la forma en que entro a cada lunes.

Esto no lo inventé yo. Lo aprendí, en parte, leyendo y escuchando a líderes que admiro.

Daymond John, fundador de FUBU y uno de los inversores más reconocidos de Shark Tank, ha hablado públicamente de su hábito de revisar sus metas todas las noches antes de dormir. Su argumento es simple pero poderoso: lo último que piensas antes de dormir es lo que tu subconsciente trabaja mientras descansas. Si entras al sueño con claridad sobre lo que quieres lograr, el cerebro no se desconecta. Sigue procesando. Y eso cambia cómo amaneces.

No es el único que lo dice. Muchos de los empresarios y líderes más productivos del mundo tienen alguna versión de esta práctica. La diferencia entre quienes arrancan la semana con impulso y quienes arrancan apagando fuegos casi siempre se define en ese momento de transición entre el fin de semana y el lunes. Y ese momento, la mayoría de las veces, ocurre el domingo en la noche.

Lo que tardé más en entender no era el hábito en sí. Era por qué funcionaba tan bien. Y la respuesta está en cómo opera el cerebro en ese momento específico de la semana.

Lo que ocurre en el cerebro el domingo en la noche

El domingo en la noche es uno de los momentos más subestimados en estrategia de mercadeo y ventas. La mayoría de los profesionales lo ignora completamente porque parece fuera del horario laboral. Pero desde la perspectiva del comportamiento humano, es una de las ventanas más interesantes de toda la semana.

¿Por qué? Porque el cerebro está en un estado de transición muy específico. Ya no está completamente en modo descanso, pero tampoco ha entrado en la dinámica de la semana. Está en un punto intermedio donde naturalmente comienza a reorganizar, evaluar y proyectar.

En ese estado de transición, muchas personas hacen algo que raramente se menciona en los libros de ventas: se autoevalúan. Revisan, de manera consciente o no, qué lograron durante la semana anterior. Qué quedó pendiente. Qué no avanzó como esperaban. Y de esa revisión surge algo importante: la intención de cambiar.

Ese impulso tiene un nombre en la psicología del comportamiento. Se llama el *fresh start effect*, o efecto de nuevo comienzo. Las investigaciones en este campo, incluyendo trabajo de los académicos Hengchen Dai, Katherine Milkman y Jason Riis, han documentado que las personas son significativamente más propensas a iniciar cambios en momentos que perciben como un reinicio, ya sea el inicio de una semana, un mes nuevo, o un ciclo personal relevante. El domingo en la noche funciona exactamente como ese reinicio semanal. No transforma automáticamente la intención en acción, pero sí crea una apertura que no existe con la misma intensidad en otros momentos de la semana.

Eso es lo que yo sentía cada domingo cuando abría mi agenda. No lo llamaba así, pero lo que estaba haciendo era activar deliberadamente ese estado de apertura para entrar a la semana con dirección, no con reactividad.

Por qué este momento importa en ventas

Aquí es donde esto se vuelve estratégicamente relevante para cualquier persona que venda servicios, programas, consultoría o cualquier solución que requiera una decisión consciente.

El domingo en la noche es un momento en que muchos prospectos están en el mismo estado en que yo estoy cuando abro mi agenda. Están evaluando su semana. Identificando lo que no funcionó. Sintiendo la distancia entre donde están y donde quieren estar. Y en ese estado, son significativamente más receptivos a considerar un cambio.

No porque estén desesperados. Sino porque el cerebro está buscando activamente una dirección.

La mayoría de las estrategias comerciales ignoran este momento completamente. Se concentran de lunes a viernes, en horario de oficina, bajo la lógica de que es cuando las personas están más activas. Pero hay una diferencia fundamental entre estar activo y estar receptivo. Durante la semana, el cerebro está en modo de ejecución. El domingo en la noche está en modo de evaluación y decisión.

Un mensaje que llega en ese momento no compite con reuniones, correos pendientes ni decisiones operativas del día.

Llega cuando la mente tiene espacio para procesar, cuando la persona está naturalmente revisando su situación y pensando en qué necesita cambiar.

Eso no es manipulación. Es alineación. Estás llegando con una propuesta en el momento en que la persona ya está en conversación interna sobre exactamente ese tipo de decisión.

Cómo yo lo viví como compradora

Algunas de las decisiones más importantes que he tomado para mi negocio — inscribirme en programas, invertir en herramientas, contratar apoyo — las tomé un domingo en la noche.

No porque alguien me presionara. Sino porque ese era el momento en que yo, con menos ruido externo y más claridad interna, podía ver con honestidad qué necesitaba. La semana anterior había quedado como evidencia de lo que no estaba funcionando. El lunes que venía era una oportunidad de empezar diferente. Y en ese espacio intermedio, la decisión no se sentía como un riesgo. Se sentía como una respuesta lógica a lo que ya sabía que necesitaba.

Cuando empecé a entender ese patrón en mí misma, empecé a verlo en mis clientes. Los mensajes que llegaban el domingo en la noche. Las personas que se inscribían a programas ese día. Los prospectos que reaparecían después de semanas de silencio, justo el domingo, para preguntar si todavía había espacio.

No era casualidad. Era el cerebro haciendo lo que hace naturalmente cuando tiene el espacio y el contexto adecuados: buscar una dirección para el nuevo ciclo que está a punto de comenzar.

Lo que esto cambia en tu estrategia.

Si vendes servicios de alto valor, programas de formación, consultoría o cualquier solución que implique un compromiso real de tiempo o inversión, el domingo en la noche debería ser parte de tu estrategia de comunicación.

No para lanzar una oferta agresiva. Sino para aparecer con el mensaje correcto en el momento en que tu prospecto ya está en el estado mental adecuado para considerarlo.

El tono importa. Un mensaje del domingo en la noche que empuja hacia una venta inmediata rompe el estado de apertura. Uno que conecta con la reflexión interna que ya está ocurriendo, que habla de empezar diferente, de no repetir la misma semana, de tener un sistema claro para lo que viene, ese sí funciona.

La diferencia entre ambos no es el canal ni la hora exacta. Es si el mensaje está alineado con lo que el cerebro ya está procesando en ese momento.

Ponlo en práctica: herramientas para este capítulo

Diagnóstico — Evalúa tu relación con el domingo

Antes de usarlo como herramienta estratégica, obsérvalo en ti mismo. Responde con honestidad:

¿Tienes alguna rutina el domingo en la noche? ¿O ese tiempo simplemente pasa sin intención?

¿Cuándo fue la última vez que tomaste una decisión importante de negocio un domingo? ¿Qué estabas pensando antes de tomarla?

¿Tu estrategia de comunicación incluye el domingo como punto de contacto? ¿O desapareces completamente los fines de semana?

Si descubres que el domingo es un punto ciego en tu estrategia, ya sabes dónde hay una oportunidad sin explotar.

Ejercicio — El reset de los 10 minutos

Antes de comenzar la semana, dedica 10 minutos el domingo en la noche a este ejercicio. No necesitas más tiempo. Necesitas consistencia.

Pregunta 1: ¿Qué no avanzó esta semana que debería haber avanzado?

Pregunta 2: ¿Qué decisión estoy postergando que si la tomara cambiaría algo importante?

Pregunta 3: ¿Cómo quiero que se vea esta semana al final del próximo domingo?

Escribe las respuestas. No las pienses solamente. El acto de escribirlas activa un nivel de compromiso diferente en el cerebro.

Este ejercicio no es solo para ti. Es para que entiendas desde adentro el estado mental en que llegan tus prospectos ese mismo domingo. Cuando lo sientes en carne propia, cambia la forma en que diseñas tu comunicación.

Guiones para comunicación de domingo

Para email o mensaje directo — prospecto que no ha decidido:

"Son las [hora] del domingo y estás leyendo esto, lo que probablemente significa que estás en ese momento de pensar en la semana que viene. Si [problema específico] sigue siendo algo que no has podido resolver, esta

semana puede ser diferente. Te dejo este espacio abierto hasta mañana a las 12 p.m."

Para reactivar un prospecto que desapareció:

"Sé que han pasado unas semanas desde que hablamos. Te escribo un domingo porque es cuando la mayoría de las personas tiene espacio real para pensar. Si la situación que discutimos sigue siendo un tema, me encantaría retomar la conversación esta semana."

La lección central del capítulo

El domingo en la noche no es tiempo muerto en tu estrategia. Es una ventana donde el cerebro de tu prospecto está haciendo exactamente lo que necesitas que haga: evaluar su situación, identificar lo que no está funcionando y buscar una dirección para el ciclo que está a punto de comenzar.

Aparecer en ese momento, con el mensaje correcto y el tono adecuado, no es intrusión. Es alineación.

Capítulo 4

La ventana de decisión de 24 a 48 horas: cómo el cerebro pierde impulso y cómo aprovecharlo

Uno de los mejores eventos en los que participé con un cliente fue con una distribuidora de flores que vendía al por mayor a grandes cadenas. Montamos un exhibidor para una convención que fue, sin exagerar, el mejor de todo el evento. Todo el mundo que pasó por ahí lo dijo. La exposición fue extraordinaria, las ventas estaban creciendo, los comentarios eran excelentes. Habíamos construido algo que funcionaba.

En ese momento de máximo impulso, presenté el siguiente paso lógico: un plan de medios para expandir el negocio a floristerías. Era la evolución natural. Tenían el momentum, la visibilidad y los resultados para respaldarlo.

Y entonces desaparecieron.

Sin un no claro. Sin una objeción específica. Simplemente dejaron de responder. Al día de hoy, años después, la gente que estuvo en esa convención todavía habla de ese exhibidor. Pero la oportunidad de expansión nunca se concretó.

Lo que no había considerado es que el momento de máxima claridad para un cliente no dura indefinidamente. Y si ese momento no se traduce en una estructura concreta que lleve a la acción, el impulso se disipa. No porque la propuesta pierda valor. Sino porque el cerebro sigue adelante.

Lo que la neurociencia explica sobre el impulso decisional

Hay un momento en una conversación de ventas que cualquier vendedor con experiencia ha sentido, aunque no siempre sepa nombrarlo. El prospecto pasa de evaluar a querer. De analizar a imaginar. De "esto suena bien" a "esto es lo que necesito". En ese momento, decidir no se siente como un esfuerzo. Se siente como un alivio. Eso es lo que yo llamo el impulso decisional. Y el problema no es generarlo. El problema es lo que pasa después si no lo capturas.

Ese estado es real. Y es temporal.

A medida que pasan las horas, el entorno vuelve a imponerse. Nuevas reuniones, nuevos correos, nuevas decisiones que atender. Lo que antes era urgente empieza a competir con otras prioridades. La claridad inicial no desaparece completamente, pero pierde intensidad.

Este fenómeno tiene dos mecanismos detrás. El primero es la fatiga de decisión: a medida que el cerebro enfrenta nuevas elecciones, su capacidad para sostener la misma intensidad de evaluación disminuye. El segundo es la adaptación cognitiva: lo que inicialmente generó impacto comienza a normalizarse. La urgencia percibida se diluye.

En términos prácticos, esto define una ventana. Generalmente de 24 a 48 horas después de una interacción significativa. Dentro de esa ventana, la persona está más alineada con la decisión que en cualquier otro momento. Fuera de ella, la resistencia aumenta y el esfuerzo para retomar el proceso es considerablemente mayor.

Esa ventana fue la que yo no capitalicé con la distribuidora de flores. Y fue cara.

Lo que se siente desde el otro lado

Años después entendí ese mecanismo también desde el lado del comprador. Y lo que descubrí fue igualmente revelador.

Hubo personas que me presentaron propuestas interesantes, servicios de valor real, cosas que en otro contexto yo hubiera considerado seriamente. Pero llegaron en el momento equivocado. A la hora de recoger a mi hija en la escuela. Al final de un día agotador. En medio de una semana donde mi cabeza ya no tenía espacio para procesar nada adicional.

Y aunque el contenido pudiera ser bueno, el solo hecho de imaginar que iba a venir un seguimiento encima — llamadas, emails, más presión — me hacía querer salir de esa conversación lo antes posible. No porque no tuviera interés en el fondo. Sino porque el momento era completamente incorrecto y la experiencia de la venta se sentía más como una carga que como una oportunidad.

Eso me enseñó algo que no se aprende en ningún libro de técnicas de cierre: el seguimiento mal ejecutado no solo no funciona. Activamente destruye el interés que ya existía.

La solución que cambió mis resultados

Cuando integré todo esto, cambié algo específico en la forma en que terminaba cada conversación importante.

Dejé de cerrar con frases abiertas. Empecé a cerrar cada conversación con el siguiente paso ya agendado, acordado en ese mismo momento, antes de colgar o despedirnos.

No como presión. Como estructura.

Al terminar una llamada, una presentación o una reunión donde había interés real, la conversación no terminaba con la propuesta. Terminaba con una fecha. "Te llamo el jueves a las 10 para que me cuentes cómo lo ves y resolvemos cualquier duda." O: "Te dejo este espacio abierto hasta el miércoles. Ese día hablamos 15 minutos y decidimos si avanzamos."

Ponlo en práctica

Guiones de seguimiento de 48 horas

Día 1 — Primeras 24 horas:

"Hola [nombre], como quedamos, te escribo hoy. Lo que hablamos fue claro: el problema es [X] y lo que propongo resuelve [Y]. Si tienes alguna duda antes de nuestra próxima conversación, escríbeme ahora que todavía está fresco."

Día 2 — Cierre de ventana:

"[Nombre], cierro este espacio hoy. Si esto sigue siendo una prioridad para ti, este es el momento. Si no, no hay problema, pero quiero ser honesta contigo para que ambos podamos enfocarnos en lo que sí va a avanzar."

Para reactivar una conversación que se enfrió:

"Hola [nombre], han pasado unas semanas desde nuestra última conversación. Lo que construimos juntos fue extraordinario, y creo que el siguiente paso que propuse sigue siendo relevante. ¿Tienes 20 minutos esta semana para retomarlo con ojos frescos?"

La lección central del capítulo

El momento de máxima claridad después de una interacción significativa no es permanente. El cerebro tiene una ventana, generalmente de 24 a 48 horas, en la que la decisión es más accesible que en cualquier otro momento.

La función de una estrategia de seguimiento efectiva no es perseguir al prospecto. Es acompañar la decisión mientras el impulso todavía está presente, con estructura en lugar de presión, con una fecha acordada en lugar de una sorpresa invasiva.

Capítulo 5

El ritmo cognitivo de la semana: cuándo educar, cuándo presentar y cuándo cerrar

Hay una cosa que aprendí trabajando con firmas de abogados que parece un detalle pero que cambió completamente mis resultados: el mejor horario para enviar un email frío no es a las 8:00am ni a las 8:30am.

Es a las 8:17am.

No es un número al azar. Es una decisión estratégica. Un email que llega a una hora exacta y redonda se ve automatizado. El cerebro lo clasifica instantáneamente como masivo, genérico, no personal. Uno que llega a las 8:17 a.m. tiene una textura diferente. Parece enviado por una persona real, en ese momento específico, pensando en ese destinatario específico. La tasa de apertura lo confirma.

Pero el horario era solo parte de la ecuación. Lo otro que aprendí rápidamente trabajando con esa industria es que cada día de la semana tiene su propia realidad para un abogado. El lunes es revisión de casos, preparación, organización de la semana. El martes, miércoles y jueves hay vistas en corte. A medida que se acerca el viernes, la complejidad de llegar a alguien aumenta. Y un email en la noche, independientemente del día, es prácticamente invisible.

Cuando entendí ese ritmo específico de esa industria, dejé de enviar mensajes al azar y empecé a enviarlos con intención. El martes a las 8:17 a.m. era la ventana. No porque yo lo hubiera inventado. Sino porque era el momento en que el cerebro de mi prospecto tenía más probabilidad de estar en un estado receptivo antes de que el día se complicara.

Eso no era intuición. Era observación convertida en sistema.

El ritmo que aprendí antes de tener clientes

Esto no empezó con las firmas de abogados. Empezó mucho antes, en una clase de campaña publicitaria en la Universidad del Sagrado Corazón que ya mencioné en el Capítulo 1 y que sigue siendo una de las lecciones más prácticas que recibí en mi carrera.

La profesora fue directa: el mejor día para presentar una campaña a un cliente es el miércoles. No el lunes, que está en una reunión con el equipo de trabajo. No el jueves ni el viernes, que mentalmente ya están pensando en el *happy hour*. El miércoles, cuando la semana ya arrancó, pero todavía hay espacio cognitivo real para evaluar algo nuevo.

Eso lo apliqué durante toda mi carrera. En Rockwell Automation, cuando diseñaba campañas de email mercadeo en apoyo al equipo de ventas, los enviaba los martes y miércoles a las 10am. No era capricho. Era el resultado de observar qué horarios generaban mayor apertura y respuesta en los mercados del Caribe y Latinoamérica donde operábamos. La teoría de la clase y la práctica del trabajo decían lo mismo: el momento importa tanto como el mensaje.

Y del otro lado de la semana estaba la adrenalina del cierre. Cuando trabajas en ventas o en agencia, el viernes no es un día tranquilo. Es el día del reporte del lunes. ¿Se cumplió la proyección? ¿Qué avances hubo? Esa presión tiene una energía particular que, bien manejada, puede ser un motor. Mal manejada, es exactamente lo que aleja a los clientes.

Lo que la desesperación le hace a una venta

Hubo momentos en mi carrera donde intenté cerrar demasiado rápido. Donde la presión del número, del reporte, de la proyección que había que cumplir, se coló en mis conversaciones de una manera que yo creía que estaba ocultando pero que era completamente visible.

Y aprendí algo que no está en ningún manual de ventas con suficiente énfasis: los clientes sienten en el horario, en el lenguaje y en el tono tu desesperación.

No necesitan que se las digas. La sienten en el email que llega un lunes a las 7 a.m. En el seguimiento que llega dos horas después de la propuesta. En el tono que cambia sutilmente de consultor a vendedor ansioso. En la frecuencia de contacto que de repente sube sin que nada en la conversación lo justifique.

Cuando eso ocurre, el prospecto no solo no compra. Se aleja. Porque la desesperación activa en el cerebro del comprador una señal de alerta: si esta persona necesita tanto cerrar esto, algo no está bien.

Lo opuesto también es cierto. Cuando llegas con calma, con estructura, con un ritmo que respeta el tiempo y el estado mental del otro, el cerebro del prospecto interpreta una señal completamente diferente: esta persona sabe lo que vale su trabajo y no necesita convencerme a cualquier costo.

Esa diferencia de percepción no viene del contenido de lo que dices. Viene del cuándo y el cómo lo dices.

El ritmo cognitivo real de una semana

Entender esto me llevó a observar la semana no como una serie de días iguales sino como un arco con fases distintas, cada una con una función específica.

El lunes es un día de reorganización. Después del fin de semana, el cerebro entra en modo de estructurar, priorizar y retomar control. Las personas revisan pendientes, encienden el modo operativo y se preparan para ejecutar. No es el momento ideal para recibir información nueva que requiera evaluación profunda. Es el momento para ordenar lo que ya existe.

Intentar vender un lunes, especialmente temprano, es competir con ese proceso interno de reorganización. No es imposible, pero la fricción es mayor. El prospecto no está en modo de evaluar. Está en modo de organizar.

El martes y el miércoles son los días de mayor estabilidad cognitiva de la semana. Las prioridades ya están definidas, la ejecución está en marcha y la mente puede sostener niveles más altos de concentración sin la urgencia del lunes ni la anticipación del fin de semana. Son los días ideales para educar, para presentar información que requiere análisis, para webinars, para conversaciones profundas, para contenido que pide atención real.

En mis campañas de Rockwell esto era consistente. Los martes y miércoles a las 10 a.m. generaban más respuesta no porque fuera magia sino porque era cuando el cerebro de mis prospectos tenía más espacio disponible para procesar algo nuevo.

El jueves tiene una textura distinta. La semana ya está en su recta final y el cerebro empieza a buscar resolución. Es el día que yo usaba para tomar un café o un almuerzo con clientes. No para cerrar formalmente sino para tener una conversación más relajada, más humana, donde el prospecto se abría de manera diferente que en una reunión de oficina. El ambiente cambia el estado mental. Y el estado mental cambia la conversación.

El viernes es el día de las decisiones pendientes o de las despedidas. Para quienes tienen el impulso de cerrar ciclos antes del fin de semana, puede ser una ventana poderosa. Para quienes ya se desconectaron mentalmente, es tiempo perdido. Leer cuál es cuál en cada prospecto es parte del arte.

Y el domingo en la noche, como vimos en el capítulo anterior, es la ventana silenciosa que casi nadie usa y que puede ser extraordinariamente efectiva para ciertos tipos de comunicación.

El sistema que emerge de todo esto

Cuando integré todos estos patrones, dejé de ver la semana como una serie de días donde había que trabajar lo más posible. Empecé a verla como una secuencia donde cada momento tiene una función específica.

El inicio de la semana es para posicionar. Para que el prospecto reciba claridad sobre el problema que tiene y la perspectiva que yo puedo ofrecerle. No para vender. Para plantar una semilla en el momento en que el cerebro está organizando sus prioridades.

La mitad de la semana es para educar y presentar. Para profundizar, para mostrar la solución, para tener las conversaciones más importantes. Es cuando el prospecto tiene más capacidad cognitiva para evaluar y cuando una presentación bien estructurada encuentra menos resistencia.

El final de la semana es para facilitar la decisión. No para convencer sino para acompañar el cierre de un proceso que ya comenzó. Para el café del jueves que baja la guardia. Para el mensaje del viernes que dice "si esto ya tiene sentido para ti, dejémoslo listo hoy."

Y el domingo en la noche, para el prospecto que lleva semanas evaluando, para el mensaje que conecta con su propio proceso de reinicio semanal.

Esta no es una fórmula rígida. Es un marco. Los mercados son distintos, las industrias tienen sus propios ritmos, y cada prospecto tiene su propia realidad. Lo que no cambia es el principio: el cerebro humano no está en el mismo estado todos los días, y cuando tu estrategia respeta eso, la fricción disminuye y los resultados mejoran.

Ponlo en práctica: herramientas para este capítulo

Diagnóstico — Haz un mapa de tu semana actual

Antes de cambiar algo, necesitas ver con claridad qué estás haciendo ahora. Responde estas preguntas:

¿En qué días de la semana envías tus propuestas o presentaciones más importantes? ¿Hay alguna lógica detrás de esa elección o es lo que resulta conveniente para ti?

¿En qué días haces seguimiento? ¿Coincide con momentos en que tu prospecto probablemente tiene espacio mental para responder?

¿Tienes algún registro de qué días generan más respuesta, más reuniones agendadas o más cierres? Si no lo tienes, empieza hoy.

¿Alguna vez has intentado cerrar demasiado rápido y sentiste que el tono de tu conversación cambió? ¿Qué ocurrió?

El mapa semanal estratégico

Aquí tienes una guía práctica basada en lo que funciona. No es una regla absoluta. Es un punto de partida que debes ajustar según tu industria y tu mercado.

Lunes — Posicionar y sembrar No vendas. Educa. Comparte una perspectiva que haga que tu prospecto piense diferente sobre su situación. Un contenido breve, un conocimiento relevante, una pregunta que lo haga reflexionar. El objetivo no es que tome una decisión. Es que empiece la semana con tu nombre y tu valor en mente.

Ejemplo de mensaje: "Lunes de inicio de semana. Una pregunta para arrancar: ¿tu proceso de ventas actual depende de que todo salga bien o está diseñado para funcionar, aunque algo falle? Esta semana hablamos de eso."

Martes — Educar con profundidad Es tu mejor día para enviar emails de valor, *newsletters*, contenido educativo más extenso o invitaciones a webinars. El cerebro está estable y receptivo. Si tienes algo importante que comunicar, el martes entre 8 a.m. y 10 a.m. es tu ventana. Y si quieres que se vea personal y no automatizado, elige un horario específico como 8:17 a.m. o 9:43 a.m. en lugar de una hora redonda.

Miércoles — Presentar y profundizar El mejor día para reuniones importantes, demostraciones, llamadas estratégicas y presentaciones de propuestas. El prospecto tiene espacio cognitivo real para evaluar. No está en el modo de reorganización del lunes ni en la anticipación del fin de semana. Está disponible.

Jueves — Conectar y ablandar terreno Si puedes, usa el jueves para conversaciones más informales. Un café, un almuerzo, una llamada sin agenda rígida. El ambiente relajado baja la guardia y abre conversaciones que una reunión formal no permite. Es también un buen día para seguimiento cálido con prospectos que están cerca de decidir.

Viernes — Facilitar el cierre Para prospectos que ya tienen la información y solo necesitan un empujón de estructura, el viernes puede ser tu día. No presiones. Facilita: "Si esto ya tiene sentido para ti, podemos dejarlo listo hoy antes de que empiece el fin de semana."

Domingo en la noche — Reconectar con intención Para prospectos que llevan semanas evaluando o para comunicación que conecte con el reinicio semanal. Tono reflexivo, no comercial. Conecta con lo que tu prospecto ya está procesando internamente.

Guiones por día de la semana

Lunes — Contenido de posicionamiento: "Nueva semana, nueva oportunidad de hacer algo diferente. Esta semana en [tu negocio/programa/servicio] vamos a hablar de [tema relevante]. Si esto resuena contigo, es probable que tengamos algo importante de qué hablar."

Martes — *Cold* email a las 8:17 a.m.: "Hola [nombre], te escribo porque trabajo con [tipo de cliente similar al tuyo] que enfrentan [problema específico] y he visto que [resultado concreto que has logrado]. No sé si esto aplica a tu situación, pero si tiene sentido conversarlo, 20 minutos esta semana son suficientes. ¿Tienes espacio el miércoles o jueves?"

Miércoles — Confirmación de reunión: "Hola [nombre], confirmando nuestra llamada de hoy a las [hora]. El objetivo es entender tu situación actual, ver si puedo ayudarte y, si tiene sentido, explicarte cómo trabajamos. Sin presión, sin agenda oculta. Nos vemos en [link/lugar]."

Jueves — Invitación informal: "[Nombre], ¿tienes 45 minutos esta semana para un café? No es una reunión de ventas. Es una conversación. Quiero entender mejor qué está pasando en tu negocio y compartirte algo que creo que te puede ser útil. Sin compromiso."

Viernes — Cierre de semana: "[Nombre], cerrando la semana. Si la propuesta que te envié ya tiene sentido para ti, este es buen momento para dejarlo listo antes del fin de semana. Si necesitas algo más para decidir, dímelo ahora y lo resolvemos hoy."

La lección central del capítulo

El cerebro no procesa todas las decisiones con la misma disponibilidad a lo largo de la semana. Cada día tiene un estado cognitivo predominante y cuando tu estrategia se alinea con ese estado, la fricción disminuye de manera natural.

Los clientes no solo escuchan lo que dices.

Sienten cuándo lo dices y por qué.

Capítulo 6

La percepción de riesgo: cómo el cerebro decide entre avanzar o protegerse

Hay una conversación que he tenido muchas veces en mi carrera. Cambian los nombres, cambian las industrias, cambian los números. Pero el patrón es siempre el mismo.

El prospecto ve los resultados anteriores. Entiende la propuesta. Reconoce el valor. Y entonces aparece el pero.

"Pero y si esta vez no funciona igual."

"Pero es que el dinero está complicado ahora mismo."

"Pero necesito que esté todo perfecto antes de lanzar."

Al principio de mi carrera, respondía esos peros con datos. Con casos de éxito. Con proyecciones de Retorno de Inversión mejor conocido por sus siglas en inglés ROI. Y a veces funcionaba. Pero muchas veces no, y por mucho tiempo no entendía por qué.

La respuesta no estaba en la propuesta. Estaba mucho más atrás.

Lo que los peros realmente dicen

Empecé a notar patrones. El cliente que decía que la limitante era el dinero, pero que al conversar más en profundidad resultaba que había crecido en un hogar donde la escasez era la norma. No era que no tuviera recursos ahora. Era que su cerebro, programado desde la infancia para protegerse de la falta, interpretaba cualquier inversión como una amenaza.

El cliente que nunca encontraba el momento perfecto para lanzar su campaña. Que siempre necesitaba un ajuste más, una revisión adicional. Que al conversar más personalmente resultaba que había crecido en un ambiente donde solo se aceptaba la perfección y los errores tenían consecuencias severas.

Ninguno de estos clientes sabía conscientemente que eso era lo que estaba pasando. Llegaban con objeciones que sonaban completamente racionales. El dinero, el momento oportuno, la perfección. Pero debajo de cada una había algo más profundo que ningún argumento de ventas podía resolver porque no era un problema de lógica. Era un problema de seguridad.

Hay una razón por la que los peros no desaparecen, aunque los números estén sobre la mesa. El cerebro no evalúa una decisión preguntándose cuánto puede ganar. La pregunta real, aunque nadie la verbalice, es cuánto puede perder. Y esa segunda pregunta siempre pesa más. Kahneman lo documentó formalmente como aversión a la pérdida, pero yo lo vi antes de saber el nombre: clientes que podían permitirse la inversión, que entendían el valor, que querían el resultado, pero que ante la posibilidad de equivocarse se paralizaban. Perder duele diferente a como satisface ganar. Y ese dolor imaginado puede más que cualquier argumento real.

Cómo cambié la conversación

Cuando empecé a reconocer ese patrón, dejé de responder los peros con más argumentos. Empecé a hacer preguntas diferentes. No preguntas de ventas sino preguntas de exploración. ¿Qué es lo peor que podría pasar si esto no funciona como esperas? ¿Has tomado decisiones de inversión antes que hayan funcionado? ¿Qué necesitarías ver o sentir para sentirte seguro avanzando?

Para clientes con inseguridad profunda sobre delegar, cambié completamente la estructura del trabajo. En lugar de pedirles que me entregaran el control de su estrategia, trabajábamos como equipo. Les daba reportes semanales de métricas y ventas. Les mostraba el proceso en tiempo real.

Lo que yo misma tuve que enfrentar

Sería deshonesto de mi parte hablar de percepción de riesgo sin reconocer que yo también la viví. Y de una manera que no tenía nada de abstracta.

Fui madre soltera por mucho tiempo, prácticamente sin apoyo económico. La responsabilidad de mis hijos recaía sobre mí. Y cuando eres analista de mercadeo, sabes leer datos. Sabes interpretar inflación, patrones de venta, señales del mercado. Eso que en otros contextos es una fortaleza, en ese momento se convirtió en una fuente adicional de miedo. Porque no solo sentía el miedo instintivo de no tener suficiente. Lo podía cuantificar.

Cuando tienes criaturas a tu lado que son lo que más amas en este mundo, los miedos no son abstractos. Son concretos. Son el alquiler, son la escuela, son la comida. Y en ese contexto, cualquier decisión de inversión en mi propio negocio pasaba por un filtro de riesgo que tenía muy poco que ver con los números reales.

También caí en la trampa de compararme con la competencia. Miraba lo que otros estaban haciendo y esa comparación amplificaba la percepción de riesgo hasta hacerla paralizante.

Lo que me sacó de ese lugar fue una realización que llegó de manera gradual pero que cuando llegó, cambió todo: hay miles de personas haciendo lo mismo que yo. Eso es verdad. Pero ninguna de ellas lo hace de la misma manera que yo. Y la diferencia entre quienes logran construir algo sostenible y quienes no, no está en quién está más capacitado. Está en quién es consistente. En quién tiene entusiasmo genuino. En quién sigue adelante sin detenerse a calcular si es suficientemente bueno.

Ponlo en práctica

Guiones para manejar la percepción de riesgo

Para abrir la conversación sobre el miedo real:

"Noto que hay algo que te está generando duda y quiero entenderlo bien antes de seguir. No para convencerte, sino porque si hay algo que no está claro o que no se siente seguro, prefiero saberlo ahora. ¿Qué es lo que más te preocupa de avanzar en este momento?"

Para el cliente que necesita control:

"Lo que propongo es que trabajemos esto juntos, no que lo delegues completamente. Cada semana te mando un reporte con las métricas reales para que veas exactamente qué está pasando."

Para hacer visible el costo de la inacción:

"Entiendo que avanzar tiene un riesgo. Pero quiero que también consideremos el otro lado. Si esto sigue igual durante los próximos seis meses, ¿qué cambia? ¿Qué oportunidades se quedan sin aprovechar?"

La lección central del capítulo

Las objeciones más comunes en ventas no son objeciones reales. Son síntomas de una percepción de riesgo que tiene raíces más profundas que el precio, el momento oportuno o la propuesta en cuestión.

La decisión no ocurre cuando el valor es suficientemente alto. Ocurre cuando el valor percibido supera la percepción de riesgo.

Capítulo 7

Autoridad, confianza y reducción del esfuerzo cognitivo: por qué el cerebro decide más rápido cuando confía

No elegí el nombre The Marketing Witch™.

Me lo dieron.

Fue durante una conferencia en Belgrado, Serbia. Una audiencia de empresarios y profesionales que por décadas habían vivido bajo un régimen comunista. Personas rectas, directas, que no negocian nada que no esté completamente en orden y para quienes la integridad no es un valor opcional sino el único estándar que aceptan.

No es la audiencia más fácil para una consultora latinoamericana hablando de comportamiento humano y estrategia de mercadeo. Pero algo ocurrió en esa sala que no había ocurrido de la misma manera en ningún otro lugar.

A medida que hablaba, la audiencia reaccionó de una manera que no esperaba. No solo asintiendo. Sino con esa expresión particular que tiene la gente cuando alguien articula exactamente lo que ellos estaban sintiendo, pero no habían podido nombrar. Como si yo supiera lo que estaba dentro de ellos antes de que ellos mismos lo verbalizaran.

Al terminar, alguien se acercó y me dijo algo que no olvidaré: "Eres una The Marketing Witch™. Entras en la mente y en el alma de las personas y además produces resultados reales."

Viniendo de cualquier otra audiencia, quizás lo hubiera tomado como un cumplido simpático. Viniendo de personas que habían vivido décadas bajo un sistema donde mostrar entusiasmo era casi un acto de resistencia, ese comentario tenía un peso completamente diferente.

Me quedé pensando en eso mucho tiempo después. ¿Qué había ocurrido en esa sala? ¿Qué había proyectado que generó ese nivel de conexión en una audiencia tan distinta culturalmente?

La respuesta me llevó a entender algo que llevo años viendo confirmado en cada industria donde he trabajado: la autoridad no se declara. Se construye. Y se construye de una sola manera: con acciones y resultados consistentes en el tiempo, especialmente en los ambientes donde menos te esperan.

Cómo aprendí esto en un mundo de hombres

Durante once años trabajé en la industria de licores. Un ambiente que en ese entonces era prácticamente masculino en todos los niveles que importaban. No es una queja. Es un contexto. Porque ese contexto me enseñó más sobre autoridad real que cualquier libro o curso que haya tomado después.

Empecé desde abajo. Modelo de marca en la agencia West Indies & Grey, que hoy se conoce simplemente como Grey. Esa fue mi entrada. Desde ahí fui subiendo a animadora de eventos, primero para audiencias pequeñas y luego para eventos de hasta diez mil personas. Eso, que podría parecer solo un trabajo, me dio algo que no tiene precio: autoconfianza real construida frente a miles de personas en tiempo real. No la autoconfianza que se declara. La que se forja.

Pero lo que realmente cambió mi trayectoria no fue la visibilidad de estar en el escenario. Fue la curiosidad que siempre tuve fuera de él.

Mientras otros hacían su trabajo y se iban, yo hacía preguntas. Sobre los métodos de distribución. Sobre los sistemas de venta. Sobre el objetivo real de cada evento más allá de la celebración. Y a medida que entendía más, empezaban a llegarse ideas. Ideas que compartí. Y las oportunidades siguieron: recepcionista, entrada de datos a los sistemas de la compañía, *telemarketer*, asistente de producción de eventos.

No llegué a esas posiciones porque alguien me las regaló. Las gané porque demostré que entendía el negocio más allá de lo que mi rol formal requería. Y en un ambiente donde pocas personas esperaban que una modelo de marca tuviera algo estratégico que aportar, esa diferencia fue todo.

La autoridad que construí en esa industria no fue con coquetería. Fue con acciones. Con resultados. Con la disposición de aprender lo que otros no querían aprender y de hacer lo que otros consideraban por debajo o por encima de su posición.

Eso me ganó un respeto que ningún título me hubiera dado en ese ambiente.

El día que decidí no ser una secretaria

Años después, entré a una compañía global de automatización industrial para cubrir una maternidad. Solo era temporal. Lo que no era temporal era la brecha entre lo que el puesto decía que yo debía hacer y lo que yo sabía que podía aportar.

La función oficial era coordinar eventos pequeños y manejar trabajo administrativo. Entrada de base de datos, básicamente. Eso no era yo, y lo sabía desde el primer día.

Pero en lugar de resistirme o quejarme, tomé una decisión diferente: demostrar, sin pedirle permiso a nadie, lo que era capaz de hacer.

Creé una revista digital interna para los vendedores de la región con inteligencia de mercado por país. Me convertí en experta en ELOQUA, el sistema de campañas de correo masivo de Oracle, hasta dominarlo a un nivel que pocos en la región conocían. Produje eventos de gran magnitud en el Caribe que generaron un aumento significativo en ventas en menos de un año.

Y eduqué al equipo de ventas en algo que era tan importante como cualquier estrategia: somos un equipo. No soy una secretaria. Soy una colega.

Al principio no me respetaban de la misma manera porque no tenía formación en ingeniería mecánica o eléctrica y esa era la lengua que se hablaba en esa empresa. Eso podría haberme paralizado. En cambio, lo tomé como un reto.

En un mes y medio, día y noche, me eduqué. Conduciendo, cocinando, bañándome, escuchando audiolibros y viendo videos de YouTube. Leyendo. Hablando con mi padre, que es ingeniero eléctrico y conocía perfectamente los sistemas de esa compañía porque los había implementado cuando fue director en una farmacéutica. Usé cada recurso disponible porque entendía que la ignorancia no era una limitación permanente. Era una brecha temporal que podía cerrar si decidía cerrarla.

Y la cerré.

Cuando volví a esas conversaciones, algo había cambiado. Ya no hablaban con la de mercadeo ni con una asistente. Hablaban con una colega que entendía su mundo, hablaba su idioma y además podía hacer lo que ellos no sabían hacer.

Eso es autoridad construida desde cero. No declarada. Ganada.

Lo que la neurociencia explica sobre por qué funciona

Cuando alguien confía en ti, algo cambia en la conversación que no tiene que ver con los argumentos. Las preguntas se vuelven más específicas. Las dudas se reducen. El proceso avanza sin que tengas que empujarlo. No es que la persona dejó de analizar. Es que su cerebro ya no necesita gastar energía verificando si eres confiable. Ya lo decidió. Y desde ese lugar, decidir lo demás es mucho más fácil. Eso es lo que yo construí en Rockwell aprendiendo ingeniería en la ducha. No convencí a nadie de que era buena. Simplemente fui tan consistente que el cuestionamiento dejó de tener sentido.

Esto explica por qué en ambientes donde yo era subestimada inicialmente, el camino para construir autoridad no era argumentar ni defenderme. Era simplemente hacer el trabajo tan bien que el argumento se volviera innecesario. Cuando los resultados aparecían, las bocas se cerraban. No porque yo hubiera convencido a nadie. Sino porque el cerebro de esas personas ya tenía evidencia suficiente para actualizar su percepción.

Hay empresas con las que todavía me comunico que en algún momento me minimizaron. No voy a decir cuáles ni dónde. Pero sí puedo decir que la relación cambió completamente no porque yo les pedí que me vieran diferente, sino porque dejé de necesitar que lo hicieran para seguir avanzando.

Eso es lo que ocurre cuando la autoridad es interna antes de ser percibida externamente.

Las tres capas de la confianza en ventas

Con los años desarrollé una forma de entender la confianza no como una cosa única sino como un sistema de tres capas que trabajan juntas.

La primera es la claridad. El prospecto necesita entender exactamente qué se le está ofreciendo, cómo funciona y qué implica avanzar. Sin claridad no hay base para construir confianza porque el cerebro no puede evaluar lo que no comprende. Y lo que no comprende, lo teme.

La segunda es la coherencia. Lo que comunicas debe mantenerse consistente a lo largo de todos los puntos de contacto. Desde el primer mensaje hasta el cierre, desde tu contenido público hasta tu conversación privada. Cuando hay contradicciones, aunque sean pequeñas, el cerebro las detecta y eleva su nivel de alerta. No siempre conscientemente. Pero la desconfianza se instala igual.

La tercera es la evidencia relevante. No genérica sino específica. No "trabajo con muchos clientes exitosos" sino "trabajé con alguien en una situación similar a la tuya y esto fue lo que ocurrió." El cerebro responde a lo concreto porque puede evaluarlo. Lo abstracto no reduce la incertidumbre. Solo la desplaza.

Cuando estas tres capas están alineadas, la confianza no se pide ni se negocia. Se experimenta. Y cuando se experimenta, el proceso de decisión se acelera naturalmente porque el cerebro ya no necesita gastar energía verificando si es seguro avanzar.

Ya lo sabe.

Lo que separa al experto del consultor percibido como experto

Hay una diferencia entre ser extraordinariamente bueno en lo que haces y ser percibido como extraordinariamente bueno en lo que haces. Idealmente ambas cosas coexisten. Pero en ventas, la percepción precede siempre a la experiencia.

Lo que me pasó repetidamente, que me minimizaban hasta ver los resultados, era una falla de percepción, no de capacidad. Yo tenía la capacidad. No tenía todavía los mecanismos para proyectarla de manera que el cerebro del otro pudiera procesarla rápidamente.

Con el tiempo aprendí que proyectar autoridad no es actuar con arrogancia. Es comunicar con tanta claridad y precisión sobre el problema del otro que el prospecto siente que lo conoces mejor de lo que él mismo se conoce. Es anticipar las dudas antes de que aparezcan. Es nombrar los miedos que el otro no ha verbalizado. Es estructurar la conversación de manera que cada parte lleve lógicamente a la siguiente.

Cuando eso ocurre, el cerebro del prospecto no necesita invertir energía evaluando si eres competente. Ya lo percibió. Y desde ese lugar, decidir es mucho más fácil.

Eso fue lo que pasó en Serbia. Y eso es lo que ocurre cada vez que una conversación de ventas deja de ser una presentación de servicios y se convierte en un espejo donde el prospecto ve su propia situación reflejada con una claridad que solo es posible cuando quien habla realmente entiende de lo que está hablando.

Y esa comprensión no llega de un día para otro. Llega de once años en una industria de hombres haciendo preguntas cuando otros no las hacían. De un mes y medio aprendiendo ingeniería industrial en el auto y en la ducha porque el equipo lo necesitaba y yo decidí que esa brecha no iba a ser un obstáculo permanente. De pararse de una entrevista discriminatoria sin pestañear porque el tiempo es el único recurso que no se recupera.

La autoridad que más perdura no es la que se declara.

Es la que se demuestra tan consistentemente que eventualmente nadie la cuestiona.

Ponlo en práctica: herramientas para este capítulo

Diagnóstico — Evalúa las señales de autoridad que estás proyectando

Revisa tus últimas cinco conversaciones con prospectos nuevos y responde con honestidad:

¿Tu comunicación fue clara desde el primer contacto o requirió múltiples explicaciones?

¿Hay consistencia entre lo que dices en tu contenido público y lo que comunicas en privado?

¿Qué evidencia específica estás presentando? ¿Es relevante para la situación particular de cada prospecto o es genérica?

¿Anticipas las dudas de tus prospectos o reaccionas a ellas cuando aparecen?

¿Hay algo en cómo te presentas que podría estar generando resistencia antes de que la conversación siquiera comience?

Escenario aplicado — La misma propuesta, dos niveles de autoridad

Imagina dos consultoras con exactamente el mismo servicio y el mismo precio.

La primera dice: "Ofrezco servicios de estrategia de mercadeo digital. Tengo experiencia en varias industrias y puedo ayudarte a crecer tu negocio."

La segunda dice: "Por lo que me contaste, el problema no es que no tengas visibilidad. Es que la visibilidad que tienes no está llegando a las personas que realmente pueden comprar. Eso tiene una solución específica y ya lo he resuelto antes en contextos similares al tuyo."

El precio es idéntico. La experiencia es idéntica. Pero el cerebro del prospecto procesa estas dos conversaciones de manera completamente diferente. La primera requiere que el prospecto haga el trabajo de conectar la oferta con su problema. La segunda ya hizo ese trabajo por él.

Eso es autoridad aplicada. Y eso es lo que reduce el esfuerzo cognitivo hasta el punto donde decidir se vuelve natural.

Guiones de autoridad

Para abrir posicionándote desde el conocimiento del problema: "Antes de hablar de lo que ofrezco, quiero asegurarme de entender bien tu situación. Por lo que he visto, el desafío principal parece ser [observación específica]. ¿Es eso correcto o hay algo más que no estoy viendo?"

Para anticipar dudas antes de que aparezcan: "La pregunta que casi siempre surge en este punto es [duda común]. Y la respuesta honesta es [respuesta directa]. Te la digo ahora porque prefiero que la tengamos sobre la mesa desde el principio."

Para el cierre con autoridad sin presión: "Por lo que hablamos hoy, el problema no es [síntoma superficial]. Es [problema real]. Ya has intentado [solución previa] y no funcionó como esperabas. Lo que necesitas no es más de lo mismo con diferente nombre. Es [tu propuesta específica]. Si eso tiene sentido para ti, el siguiente paso es [acción concreta]."

Para cuando te subestiman: No con palabras. Con resultados. Y cuando los resultados lleguen, con la misma calma con que recibiste el cuestionamiento. La autoridad que más perdura no es la que se defiende. Es la que se demuestra.

Para construir autoridad antes de la primera conversación: Tu contenido público es tu portafolio de autoridad silenciosa. Cada post, cada artículo, cada intervención en un evento es una señal que el cerebro de tu prospecto procesa antes de que hablen. Cuando llegas a la primera conversación y el prospecto ya te conoce de tu contenido, la mitad del trabajo de construcción de confianza ya está hecho.

La lección central del capítulo

La autoridad no se declara. Se construye con acciones consistentes, especialmente en los ambientes donde menos te esperan.

La confianza que esa autoridad genera no es un elemento decorativo en una estrategia de ventas. Es el mecanismo que reduce el esfuerzo cognitivo necesario para decidir. Cuando está presente, el proceso se acelera. Cuando está ausente, la resistencia crece independientemente de la calidad de la propuesta.

The Marketing Witch™ no fue un título que pedí. Fue el resultado de hacer el trabajo con tanta profundidad y consistencia que una audiencia en Serbia, formada por personas que habían aprendido a desconfiar de todo, no encontró otra palabra para describir lo que experimentó.

Eso es lo que ocurre cuando la autoridad es real.

No necesita presentarse.

Se reconoce.

Capítulo 8

Integración estratégica: cómo construir un sistema de ventas alineado con el cerebro

Hay una verdad que tardé en aceptar sobre mí misma.

Sabía vender los servicios de otros. Lo había hecho durante años con resultados medibles, con clientes satisfechos, con campañas que funcionaban. Tenía el conocimiento, la experiencia y la credibilidad. Pero cuando llegó el momento de vender mis propios servicios a través de Pauwerful Strategy, algo no cuadraba.

No era falta de capacidad. Era falta de sistema.

Todo lo que sabía estaba en mi cabeza. Sabía exactamente qué hacía, cómo lo hacía y por qué funcionaba. Pero no lo tenía documentado. No tenía definido qué pasaba cuando llegaba un cliente nuevo, qué comunicaciones enviaba y cuándo, qué entregaba en cada etapa, cómo medía el progreso. Cada vez que arrancaba un proceso nuevo, lo reconstruía desde la memoria.

Y la memoria, a diferencia de un sistema, se cansa. Tiene días malos. Olvida.

El día que decidí documentar todo, crear un SOP, un procedimiento operativo estándar, de mi proceso de ventas y de entrega de servicios, cambió algo fundamental. Dejé de depender de recordar y empecé a depender del sistema. Y el sistema no tiene mal día. No se estresa. No olvida. No varía según cómo amanecí.

Esa fue la diferencia entre operar como experta y operar como negocio.

Lo que vi en una coach talentosa que no cerraba

Poco después de estructurar mi propio proceso, empecé a ver el mismo patrón en mis clientes. Y ningún caso lo ilustró tan claramente como el de una coach increíblemente talentosa que llegó a mí con un problema que ella describía como "meses buenos y meses malos."

Cuando analicé su situación, descubrí que el problema no era su talento ni su oferta. Era que no tenía ningún proceso. Literalmente ninguno.

Cada conversación con un prospecto era diferente. No había seguimiento estructurado. No tenía una propuesta clara y consistente. Y cuando le pregunté cuánto cobraba, la respuesta me dijo todo lo que necesitaba saber: el precio cambiaba según cómo se sentía ese día.

Eso no es una estrategia de precios. Es un termómetro emocional disfrazado de negocio.

Lo primero que hicimos fue definir sus ofertas con claridad. Qué incluía cada una, a qué precio, sin excepciones ni improvisaciones. Luego creamos su secuencia de seguimiento, quién recibía qué mensaje, en qué momento, con qué objetivo específico. Luego estandarizamos su conversación de ventas para que cada prospecto viviera la misma experiencia de calidad independientemente del día que ella estuviera teniendo.

En tres meses tenía consistencia en ingresos por primera vez en años.

Su talento no cambió. Su proceso sí. Y el proceso fue lo que convirtió ese talento en resultados predecibles.

Lo que aprendí en el ambiente corporativo y aplico con cada cliente

Trabajé en Rockwell Automation, una compañía global de automatización industrial presente en más de ochenta países. Y una de las cosas que más me impactó de ese ambiente, viniendo de años trabajando con empresas medianas y emprendedores, fue ver en detalle cómo opera un negocio que realmente funciona como negocio.

Tanto en Rockwell como en otras corporaciones en las que trabajé, todo tenía un proceso. Había un sistema para cómo se generaba una oportunidad, para cómo se hacía seguimiento, para cómo se reportaba el avance, para cómo se medían los resultados. Nadie dependía de recordar porque todo estaba documentado. Cuando llegaba alguien nuevo al equipo no empezaba de cero. Empezaba desde el sistema. El conocimiento institucional no vivía en la cabeza de una sola persona. Vivía en el proceso.

Cuando empecé a trabajar con emprendedores, vi exactamente lo contrario.

Todo estaba en la cabeza del dueño. Las conversaciones de ventas, los precios, los seguimientos, los procesos de entrega. Si el dueño tenía un buen día, el negocio tenía un buen día. Si estaba estresado, enfermo o de viaje, el negocio se paraba. No había continuidad. No había predictibilidad. No había forma de crecer porque no había nada que escalar, solo una persona haciendo todo desde la memoria y la intuición.

Eso no es un negocio. Es un trabajo disfrazado de negocio.

Y esa distinción, que aprendí comparando dos mundos completamente distintos, se convirtió en una parte central de lo que ofrezco en Pauwerful Strategy. Lo que aprendí en el ambiente corporativo, no solo en Rockwell sino en cada empresa donde trabajé, lo aplico con pequeños y medianos negocios y con individuos en coaching. Porque si no se trabaja un negocio como una gran corporación, con sistemas, con procesos, con automatización, entonces es un pasatiempo o eres autoempleado.

Yo creo en sistemas. Y creo en automatización. No porque sean conceptos elegantes sino porque son la diferencia entre un negocio que funciona cuando tú no estás y uno que se detiene en cuanto te detienes tú.

Por qué el cerebro necesita sistemas tanto como los negocios

Todo lo que hemos visto en este libro, el momento oportuno, los ciclos de decisión, la percepción de riesgo, la construcción de confianza funciona de manera aislada si se aplica de forma fragmentada. El momento oportuno sin seguimiento estructurado pierde su ventana. El seguimiento sin claridad genera resistencia. La confianza sin coherencia se erosiona.

Lo que convierte estos elementos en resultados consistentes es integrarlos dentro de una secuencia. Un sistema donde cada parte cumple una función específica y prepara el terreno para la siguiente.

El cerebro humano, como vimos a lo largo de este libro, no toma decisiones en el vacío. Las tomas dentro de un contexto acumulado de señales, experiencias e interacciones. Cuando ese contexto está diseñado con intención, cuando cada punto de contacto tiene un propósito claro dentro de una secuencia más amplia, el proceso de decisión fluye naturalmente.

Cuando no está diseñado, cuando cada interacción es un evento aislado sin conexión con las anteriores, el cerebro tiene que hacer el trabajo de conectar los puntos solo. Y como hemos visto, el cerebro tiende a evitar el esfuerzo innecesario. Si conectar los puntos es muy difícil, simplemente no lo hace.

Eso es lo que le pasaba a la coach talentosa. Cada conversación era brillante de manera aislada. Pero no había una secuencia que las conectara. El prospecto salía de cada interacción sin saber exactamente qué seguía, sin una experiencia consistente que construyera confianza acumulada, sin un camino claro hacia la decisión.

El sistema no reemplaza el talento. Lo potencia. Le da al talento una estructura donde expresarse de manera predecible y repetible.

El modelo EPR aplicado a tu negocio

Después de años viendo por qué los procesos de ventas fallan, llegué a una conclusión simple: no fallan por falta de talento ni por falta de esfuerzo. Fallan porque cada interacción se trata como un evento aislado en lugar de como parte de una secuencia. El cerebro del prospecto necesita tres cosas en orden: primero entender, luego evaluar, luego decidir. Cuando el proceso respeta ese orden, fluye. Cuando lo salta, se atasca. A eso le llamo el modelo **EPR** — **E**xposición, **P**rocesamiento, **R**esolución — y es la estructura que uso con cada cliente en Pauwerful Strategy porque es la que refleja cómo el cerebro realmente avanza hacia una decisión.

La fase de exposición es donde el prospecto te encuentra por primera vez y empieza a formarse una percepción. Aquí no se vende. Se posiciona. El objetivo es que el prospecto salga de esta fase con una perspectiva diferente sobre su problema y con tu nombre asociado a claridad y conocimiento. El lunes es naturalmente el mejor momento para este tipo de contenido, cuando el cerebro está en modo de organización y receptivo a nuevas perspectivas.

La fase de procesamiento es donde el prospecto evalúa. Compara, analiza, resuelve dudas, construye o erosiona confianza. Esta fase necesita profundidad y coherencia. Es el momento para webinars, para conversaciones más detalladas, para casos específicos que reduzcan la percepción de riesgo. El martes y el miércoles, como vimos en el capítulo del ritmo cognitivo, son los días donde el cerebro tiene más capacidad para este tipo de procesamiento.

La fase de resolución es donde la decisión ocurre o no ocurre. Aquí el objetivo no es añadir más información sino reducir la fricción para actuar. Claridad sobre el siguiente paso, ventana de decisión definida, estructura que haga que avanzar sea más fácil que posponer. El jueves y el viernes, y en algunos casos el domingo en la noche, son las ventanas naturales para esta fase.

Cuando estas tres fases están diseñadas como una secuencia coherente, el proceso fluye. El prospecto no siente que está siendo vendido. Siente que está siendo guiado a través de un recorrido que tiene sentido.

Cómo construir tu sistema en la práctica

El primer paso, y el que más personas saltan porque parece obvio, es documentar lo que ya haces. No lo qué crees que haces. Lo que realmente ocurre en cada interacción con un prospecto desde el primer contacto hasta el cierre o la pérdida.

Cuando hice este ejercicio conmigo misma al crear Pauwerful Strategy, descubrí que había pasos que hacía inconsistentemente, momentos donde dejaba decisiones abiertas sin estructura y comunicaciones que enviaba basadas en lo que recordaba en lugar de en lo que el proceso requería. Verlo documentado fue incómodo. También fue transformador.

El segundo paso es identificar dónde está la fricción. ¿En qué punto los prospectos se enfrían? ¿Dónde aparecen las objeciones más frecuentes? ¿Qué parte del proceso depende completamente de tu energía y memoria del día? Esos son los puntos donde el sistema necesita más estructura.

El tercer paso es diseñar la secuencia con intención. No solo qué comunicas sino cuándo, con qué objetivo y qué debe ocurrir después de cada interacción. Cada punto de contacto debe tener una función específica dentro del proceso más amplio.

Y el cuarto paso, el que separa a quienes hablan de sistemas de quienes los operan, es automatizar lo que no requiere tu presencia personal. Los recordatorios de seguimiento, las confirmaciones de reuniones, las secuencias de desarrollo de prospectos para prospectos que no están listos todavía. Tu energía y atención son recursos limitados. El sistema puede hacer el trabajo que no requiere que seas tú quien lo haga.

Ponlo en práctica: herramientas para este capítulo

Diagnóstico — ¿Tienes un negocio o tienes un trabajo disfrazado de negocio?

Responde estas preguntas con honestidad:

Si te vas de vacaciones dos semanas sin internet, ¿tu proceso de ventas sigue funcionando o se detiene completamente?

¿Tienes documentado qué ocurre en cada etapa desde que un prospecto te contacta hasta que toma una decisión?

¿Cada prospecto vive la misma experiencia de calidad o depende del día que tú estés teniendo?

¿Sabes exactamente en qué punto de tu proceso se pierde la mayoría de tus oportunidades?

¿Tus precios, tus propuestas y tus procesos de entrega están estandarizados o cambian según el cliente y el momento?

Si la mayoría de tus respuestas te incomodaron, no es una crítica. Es un diagnóstico. Y un diagnóstico honesto es el primer paso hacia un sistema que funcione.

Ejercicio — Haz un mapa de tu proceso actual

Toma una hoja en blanco y escribe cada paso que ocurre desde que un prospecto te contacta por primera vez hasta que toma una decisión. No lo que debería ocurrir. Lo que realmente ocurre ahora mismo.

Para cada paso, anota tres cosas: qué ocurre, cuándo ocurre y quién lo hace o lo recuerda.

Si la respuesta a "quién lo hace" es siempre tú y la respuesta a "cuándo ocurre" es siempre "cuando me acuerdo", ya sabes dónde está el problema.

El modelo EPR en una semana tipo

Aquí tienes una guía práctica de cómo distribuir las fases del proceso a lo largo de la semana:

Domingo en la noche y lunes — Exposición: Contenido que posiciona, que planta una perspectiva nueva, que hace que tu prospecto empiece la semana pensando en su problema de una manera diferente. No vendes. Apareces con valor.

Martes y miércoles — Procesamiento: Tus interacciones más importantes. Llamadas estratégicas, presentaciones, webinars, contenido educativo profundo. Es cuando el cerebro tiene más capacidad para evaluar y construir confianza.

Jueves — Transición: Conversaciones más informales, cafés, almuerzos, seguimientos cálidos con prospectos cercanos a decidir. El ambiente relajado reduce la guardia y abre conversaciones que los contextos formales no permiten.

Viernes — Resolución: Para prospectos que ya tienen la información. Facilita el cierre, no lo fuerces. "Si esto ya tiene sentido, podemos dejarlo listo hoy."

Guiones para implementar el sistema

Para estandarizar el inicio de cada conversación: "Antes de empezar, quiero contarte cómo funciona esta conversación. Los primeros minutos los uso para entender tu situación real. Luego te cuento cómo trabajo. Y al final, si tiene sentido para ambos, hablamos de próximos pasos. ¿Te parece bien?"

Para cerrar cada etapa con el siguiente paso definido: "Perfecto. Lo que sigue es esto: te mando un resumen de lo que hablamos hoy antes de las 6 p.m. El miércoles a las 10 a.m.

te llamo para resolver dudas y definir si avanzamos. ¿Confirmamos ese horario ahora?"

Para el prospecto que no está listo todavía: "Entiendo que no es el momento ahora mismo. Lo que voy a hacer es mantenerte en mi lista de contactos y escribirte en [fecha específica] para ver cómo está la situación entonces. ¿Te parece bien o prefieres que no te contacte?"

Para comunicar el valor del sistema a un cliente potencial: "Lo que ofrezco no es solo estrategia. Es un sistema. Eso significa que cuando terminemos de trabajar juntos, el proceso no vive en mi cabeza ni en la tuya. Vive documentado, estructurado y funcionando independientemente de si cualquiera de los dos tiene un mal día."

La lección central del capítulo

Un negocio que depende completamente de la memoria, la energía y el estado emocional de su dueño no es un negocio. Es un trabajo disfrazado de negocio.

La diferencia entre operar con intuición y operar con sistema no es una diferencia de talento. Es una diferencia de estructura. Y la estructura es lo que convierte el talento en resultados predecibles, repetibles y escalables.

Todo lo que hemos visto en este libro, el momento oportuno, los ciclos de decisión, la ventana de las 48 horas, la percepción de riesgo, la construcción de confianza solo produce resultados consistentes cuando se integra dentro de una secuencia diseñada con intención.

Lo que aprendí en años de trabajo en empresas corporativas, en empresas globales con procesos definidos y métricas claras, y lo que aplico hoy con cada cliente en

Pauwerful Strategy, es esto: trata tu negocio como una corporación desde el primer día. Con sistemas. Con procesos. Con automatización donde sea posible.

Porque si no lo haces así, tienes dos opciones.

Una afición.

O un trabajo disfrazado de negocio.

Y tú mereces algo mejor que eso.

Capítulo 9

Errores que rompen el proceso de decisión: por qué muchas ventas se pierden antes de intentar cerrarlas

El error más caro que cometí en ventas no fue perder un cliente grande. No fue una propuesta mal estructurada ni un precio equivocado. Fue algo mucho más silencioso y mucho más frecuente.

Era el miedo a dar seguimiento.

No lo llamaba miedo en ese momento. Lo llamaba respeto. Decía que no quería presionar, que prefería darle espacio al prospecto, que si tenía interés ya me iba a escribir. Sonaba razonable. Incluso considerado. Pero debajo de esa narrativa había algo más honesto que tardé en reconocer: le tenía miedo al no.

Y al evitar el seguimiento para no escuchar el no, tampoco escuchaba el sí.

Las oportunidades no murieron porque los prospectos perdieron interés. Murieron porque yo no aparecí en el momento en que todavía había impulso. No definí el siguiente paso al final de la conversación. No agendé la continuidad con hora y fecha antes de despedirnos. Dejé todo abierto esperando que el prospecto tomara la iniciativa. Y como aprendimos en capítulos anteriores, lo abierto no se cierra solo. Se enfría.

Cuando finalmente entendí que el seguimiento no es presión sino estructura, que agendar la próxima conversación antes de terminar la actual no es ser insistente sino ser profesional, todo cambió. No porque los prospectos cambiaron. Porque yo dejé de sabotear mis propias oportunidades con un miedo disfrazado de cortesía.

Ese fue el "nunca más" que más me costó llegar a entender. Y que más resultados produjo cuando lo hice.

El error que se repite en casi todos

Trabajando con emprendedores y profesionales de distintas industrias, hay un patrón que aparece con una consistencia que ya no me sorprende pero que sigue costándoles caro a quienes lo cometen.

Es el mismo error que yo tuve, el miedo al seguimiento y la falta de estructura en el cierre, pero combinado con algo adicional que lo agrava significativamente: no saben explicar su producto o servicio en términos de lo que le resuelve al cliente.

Llegan a una conversación de ventas habiendo preparado todo sobre lo que ofrecen. Las características, los atributos, los módulos, las horas incluidas, las herramientas que usan. Y hablan de todo eso con detalle y con entusiasmo genuino. Pero el prospecto escucha esa lista y no puede conectarla con su problema real.

Porque la gente no quiere pagar por información. Quiere pagar por resultados.

No quiere saber cuántas horas tiene tu programa. Quiere saber qué va a ser diferente en su vida o en su negocio cuando termine. No quiere conocer las características de tu servicio. Quiere saber si eso que ofreces resuelve el problema específico que lo está frenando ahora mismo.

Y ese error, hablar de atributos en lugar de soluciones, viene de algo todavía más profundo: no estudiar al cliente antes de la conversación.

El error de llegar sin contexto

Uno de los errores más costosos que veo repetirse es entrar a una conversación de ventas sin haber investigado al prospecto. Sin saber qué hace, qué problema tiene, qué ha intentado antes, en qué etapa está su negocio, qué le importa realmente.

Cuando no tienes ese contexto, la conversación inevitablemente se centra en lo que tú ofreces en lugar de en lo que el otro necesita. Y esa diferencia, aunque sutil, el prospecto la siente inmediatamente.

Una conversación centrada en tu oferta se siente como una presentación. Una conversación centrada en el problema del otro se siente como una consultoría. Y las personas pagan muy diferente por una presentación que por una consultoría.

Cuando yo trabajaba con firmas de abogados en mi campaña de GPTs personalizados, no llegaba a ninguna conversación sin haber estudiado antes la firma. Su área de práctica, el tamaño del equipo, los tipos de casos que manejaban, los patrones de trabajo de esa industria. Eso me permitía llegar con observaciones específicas sobre su situación en lugar de con una presentación genérica de mis servicios.

La diferencia en la respuesta del prospecto era inmediata y consistente. Cuando sientes que alguien te conoce antes de hablar contigo, la guardia baja. La confianza se construye más rápido. Y el proceso de decisión se acelera porque el cerebro no necesita hacer el trabajo de traducir una oferta genérica a su realidad específica. Alguien ya hizo ese trabajo por él.

Los errores que erosionan el proceso antes del cierre

A lo largo de los capítulos anteriores hemos hablado de los mecanismos que facilitan la decisión. Pero hay una lista de errores que los sabotean antes de que siquiera llegues al intento de cierre. Estos son los más frecuentes y los más costosos.

El primero es no definir el siguiente paso al final de cada conversación. Como vimos en el capítulo de la ventana de 48 horas, dejar una conversación abierta sin estructura es equivalente a no haberla tenido. El impulso se disipa, otras prioridades toman el espacio y lo que pudo ser una decisión natural se convierte en algo que "ya veremos después." Ese después casi nunca llega.

El segundo es hablar demasiado y escuchar poco. En ventas existe la tentación de llenar el silencio con más información, más argumentos, más características. Pero el exceso de información no genera más confianza. Genera saturación. Y un cerebro saturado no decide, evita. Las conversaciones de ventas más efectivas que he tenido en mi carrera son aquellas donde el prospecto habló más que yo.

El tercero es no conocer al cliente antes de la conversación. Llegar sin contexto obliga a improvisar. Y la improvisación, aunque puede funcionar ocasionalmente, no es un sistema. Es suerte. Y la suerte no escala.

El cuarto es enfocarse en los atributos del producto en lugar de en la solución al problema. Nadie compra un taladro porque quiere un taladro. Lo compra porque necesita un agujero en la pared. Cuando hablas de lo que tu producto es en lugar de lo que resuelve, el prospecto tiene que hacer el trabajo de conectar los puntos solo. Y como ya sabemos, el cerebro tiende a evitar ese esfuerzo.

El quinto es ignorar la ventana de decisión. Hacer seguimiento tres semanas después de una conversación poderosa no es seguimiento. Es empezar de cero. El impulso ya no está. La claridad que el prospecto tenía se diluyó hace tiempo. Lo que en el momento hubiera sido una decisión fácil se convierte en una conversación que tiene que reconstruirse desde el principio con mucha más fricción.

El sexto es confundir actividad con avance. Enviar muchos mensajes, publicar contenido todos los días, tener muchas conversaciones, todo eso puede generar la sensación de estar trabajando sin producir resultados reales si no hay una secuencia con propósito detrás. El movimiento sin dirección no es progreso. Es ruido.

Y el séptimo, el que quizás es el más difícil de reconocer porque se disfraza de virtud, es el miedo al seguimiento disfrazado de respeto. El mismo que yo tuve. El que hace que dejes espacios abiertos, que no agendes la continuidad, que esperes que el prospecto tome la iniciativa, que interpretes el silencio como desinterés cuando muchas veces es simplemente falta de estructura.

Lo que todos estos errores tienen en común

Cuando los miro en conjunto, hay un hilo conductor que los conecta a todos.

Ninguno ocurre en el momento del cierre. Todos ocurren antes. En cómo se prepara la conversación, en cómo se conduce, en cómo se termina y en cómo se da continuidad.

Para cuando llega el intento de cierre, el resultado ya está condicionado por todo lo que ocurrió antes.

Esto es lo que más me costó entender en mis primeros años de carrera independiente. Analizaba los cierres que no funcionaban buscando el error en el momento final. En lo que dije o no dije cuando intenté cerrar. Y el error casi nunca estaba ahí. Estaba tres pasos antes, en una conversación que terminé sin estructura, en un seguimiento que no hice a tiempo, en una propuesta que hablaba de mis servicios en lugar de hablar del problema del otro.

Cuando empecé a auditar el proceso completo en lugar de solo el cierre, los resultados cambiaron. No porque encontré argumentos de cierre más sofisticados. Sino porque dejé de cometer los errores que hacían que el cierre fuera una batalla en lugar de una consecuencia natural.

Ponlo en práctica: herramientas para este capítulo

Diagnóstico — Audita tus últimas cinco oportunidades perdidas

Para cada conversación que no resultó en un cierre, responde estas preguntas:

¿Investigaste al prospecto antes de la conversación o llegaste sin contexto previo?

¿La conversación se centró en los atributos de tu servicio o en el problema específico del prospecto?

¿Cómo terminó la conversación? ¿Con un siguiente paso agendado o con una frase abierta?

¿Hiciste seguimiento dentro de las primeras 48 horas o esperaste más tiempo?

¿Tu seguimiento retomó la conversación desde donde quedó o empezó desde cero?

Si eres honesto con las respuestas, el patrón va a aparecer solo. Y donde hay patrón, hay oportunidad de corrección.

Escenario aplicado — La misma oportunidad, dos aproximaciones

Imagina que tienes una reunión con el dueño de una firma de consultoría que está teniendo problemas con la consistencia de sus ingresos.

Aproximación centrada en atributos: "Mi programa incluye ocho módulos, acceso a una comunidad privada, llamadas grupales semanales durante tres meses y una biblioteca de recursos descargables."

El prospecto escucha eso y piensa: "Suena completo. Pero no sé si esto resuelve mi problema específico."

Aproximación centrada en solución: "Por lo que me describes, el problema no es que no sabes vender. Es que cada mes empiezas desde cero porque no tienes un proceso que funcione independientemente de cómo estés ese día. Lo que hacemos es construir ese proceso. Al final de los tres meses, tus ingresos no dependen de si tuviste una buena semana. Dependen del sistema."

El prospecto escucha eso y piensa: "Eso es exactamente lo que necesito."

El servicio es el mismo. La diferencia es si hablas de lo que tú ofreces o de lo que el otro necesita.

Guiones para evitar los errores más comunes

Para investigar antes de la conversación y usarlo desde el inicio: "Antes de empezar, revisé un poco tu negocio y noté [observación específica]. Quería confirmar si eso refleja bien tu situación actual o si hay algo más que deba entender primero."

Para centrar la conversación en soluciones desde el principio: "Antes de hablar de lo que ofrezco, quiero entender qué está pasando en tu negocio. ¿Cuál es el problema que más te está costando resolver ahora mismo?"

Para evitar dejar la conversación sin estructura: "Antes de que nos despidamos, quiero asegurarme de que esto no quede flotando. ¿Agendamos [día y hora específicos] para retomar esto y tomar una decisión?"

Para el seguimiento dentro de las 48 horas: "Hola [nombre], como quedamos, te escribo hoy. Lo que hablamos fue claro: el problema es [X] y lo que propongo resuelve [Y]. Si tienes alguna duda antes de nuestra próxima conversación, escríbeme ahora que todavía está fresco."

Para cuando el prospecto dice que necesita pensarlo: "Claro, tiene todo el sentido tomarse el tiempo. Para ayudarte a pensar con claridad, ¿qué parte de esto es la que todavía genera más duda? A veces lo que parece una decisión grande es una sola pregunta que no hemos respondido."

Para reactivar una oportunidad que se enfrió: "Hola [nombre], han pasado unas semanas desde que hablamos. Quería escribirte porque el problema que me describiste no es el tipo de cosa que se resuelve solo con el tiempo. Si sigue siendo relevante, este es buen momento para retomarlo. ¿Tienes 20 minutos esta semana?"

La lección central del capítulo

Las ventas no se pierden en el cierre. Se pierden mucho antes, en cada punto donde el proceso dejó de tener estructura, donde la conversación se centró en los atributos en lugar de en la solución, donde el seguimiento no ocurrió dentro de la ventana correcta o donde el miedo disfrazado de cortesía dejó espacios abiertos que nunca se cerraron.

Auditar el proceso completo en lugar de solo el momento final es lo que permite identificar dónde está realmente la fricción. Y cuando se encuentra la fricción, se puede eliminar.

Porque la gente no quiere pagar por información.

Quiere pagar por resultados.

Y los resultados no llegan de conversaciones brillantes que terminan en el aire.

Llegan de procesos diseñados para llevar al prospecto desde el primer contacto hasta la decisión con la menor fricción posible.

Eso es lo que separa a quien vende consistentemente de quien depende de la suerte.

Capítulo 10

La decisión final: por qué la mayoría no ejecuta y qué diferencia a quienes sí lo hacen.

Dos meses sin facturar.

No es una frase dramática para captar atención. Es lo que ocurrió. Y cuando llegó el momento de pagar nómina, renta y todo lo demás, y los números no daban, algo cambió en mí de una manera que ningún libro, curso o conferencia había logrado cambiar antes.

Dicen que la necesidad es la madre de la creatividad. Es verdad. Pero lo que nadie dice es que también es la madre de la claridad. Porque cuando no tienes opciones cómodas, dejas de postergar lo que sabes que tienes que hacer.

Me paré frente a un pizarrón blanco y empecé a analizar todo. Qué había hecho, qué resultados había producido, cómo había obtenido cada cliente, cuáles me habían rechazado, cuáles no habían renovado y por qué. El pizarrón blanco terminó pareciendo la escena de una investigación criminal. Conexiones, patrones, preguntas sin respuesta. Todo visible, todo sobre la mesa, nada escondido en la comodidad de "ya lo analizo después."

Luego hice algo que requirió más valentía que cualquier presentación de ventas que haya dado: llamé a mis clientes. A los que seguían conmigo, les pregunté qué los había hecho firmar, por qué continuaban y qué esperaban ver. A los que se habían ido, les pregunté por qué se fueron.

Las respuestas fueron honestas y reveladoras. Algunos se habían ido por la crisis del 2008. Otros querían llevar el mercadeo dentro de la empresa para tener más control. Algunos querían trabajar con agencias más grandes. Y unos pocos creían que al ser yo sola no iba a poder con la carga, lo cual no era correcto porque siempre he trabajado con un equipo de consultores remotos extraordinarios y colegas de la industria con quienes colaboramos de manera recíproca.

Esa última objeción, que mis colaboradores no estaban bajo el mismo techo, había sido una barrera enorme durante años. La gente asumía que, si los empleados no fichaban entrada y salida en una oficina física, la calidad del trabajo iba a ser menor. Yo sabía que eso no era verdad. Lo había vivido. Pero el mercado no estaba listo para aceptarlo.

Y entonces llegó el COVID.

En 2020, el mundo entero se vio forzado a aceptar lo que yo llevaba años practicando. El trabajo remoto dejó de ser una rareza y se convirtió en el estándar. Lo que antes era mi barrera de ventas más grande se convirtió de la noche a la mañana en una de mis fortalezas más visibles. Clientes que antes dudaban de mi modelo ahora lo buscaban específicamente.

Siempre he vivido adelantada a los tiempos. No sé si es mi mente analítica que ve más allá del presente a base de datos y patrones. Lo que sí sé es que esa crisis de dos meses sin facturar me obligó a construir lo que debí haber construido antes: un sistema real, documentado y estructurado que no dependiera de la memoria ni del estado emocional del día.

Hoy Pauwerful Strategy opera con una asistente extraordinaria en Argentina, una directora de ventas bilingüe en California, dos Meta Traffickers en Latinoamérica y un colega en Barcelona mientras avanzo en mi expansión hacia Europa. El internet eliminó las fronteras. Y lo que una vez fue una limitación se convirtió en una ventaja competitiva global.

Pero nada de eso hubiera ocurrido sin ese pizarrón blanco, esas llamadas incómodas y la decisión de dejar de improvisar y empezar a construir en serio.

Lo que separa a quien ejecuta de quien solo consume

En años de trabajo con emprendedores, coaches, consultores y profesionales de distintas industrias, he aprendido a identificar muy rápido en cuál categoría cae cada persona que llega a mí.

Los que ejecutan llegan listos. No necesitan que los convenzan de que tienen un problema porque ya lo saben. No están evaluando si vale la pena invertir porque ya tomaron esa decisión internamente. Quieren resultados y no están para juegos. La conversación con ellos es directa, fluye rápido y el cierre ocurre de manera natural porque el cerebro ya estaba listo para decidir antes de que empezáramos a hablar.

Los que solo consumen información son distintos. Algunos están indecisos genuinamente y necesitan más tiempo, lo cual es completamente válido y tiene su proceso. Otros quieren aprender para hacerlo ellos mismos, lo que también es legítimo, pero significa que no son mi cliente en este momento. Otros piden cotización para buscar a alguien que haga lo mismo más económico, lo cual me dice que el valor no fue suficientemente claro en la conversación. Y algunos, los menos, pero los más costosos en términos de tiempo, llegan por curiosidad, o con otro propósito completamente diferente al que declararon.

A estos últimos aprendí a identificarlos rápido y a cerrar esa conversación con la misma claridad con que abro las que sí tienen potencial. El tiempo es el único recurso que no se recupera. Aprenderlo temprano en mi carrera fue uno de los mejores regalos que me pude dar.

Pero la distinción más importante que he observado entre quienes ejecutan y quienes no, no es de actitud ni de intención. Es de estado interno.

Los que ejecutan ya resolvieron la conversación con el miedo antes de llegar a hablar conmigo. No es que no tengan miedo. Es que decidieron que el costo de quedarse igual es mayor que el riesgo de avanzar. Esa resolución interna es lo que hace que la conversación fluya y que el cierre sea una formalidad en lugar de una batalla.

Los que no ejecutan todavía están teniendo esa conversación interna. Y ningún argumento externo, por más sólido que sea, puede sustituir la resolución que solo puede ocurrir adentro.

Por eso el trabajo de ventas más importante no siempre ocurre en la propuesta. Ocurre en ayudar al prospecto a ver con claridad cuánto le está costando quedarse donde está. Cuando esa claridad llega, la decisión de avanzar no necesita convencimiento.

Se vuelve obvia.

Lo que este libro fue y lo que ahora depende de ti

A lo largo de estas páginas hemos recorrido un camino que empezó con una pregunta simple: ¿por qué el mismo mensaje, con la misma oferta, produce resultados completamente distintos dependiendo de cuándo y cómo llega?

La respuesta, como vimos, no está en el mensaje. Está en el estado del cerebro que lo recibe. En el momento de la semana, en la carga cognitiva del día, en la percepción de riesgo que el prospecto carga sin saber que la tiene, en la confianza que se construyó o no se construyó en los puntos de contacto anteriores, en la estructura que facilitó o no facilitó la decisión.

Todo eso es manejable. Todo eso es *diseñable.* Y todo eso produce resultados consistentes cuando se integra en un sistema que funciona independientemente del día que estés teniendo.

Pero un libro, por bien que esté escrito, no cambia nada por sí solo.

Lo que cambia resultados es la decisión de ejecutar.

No mañana. No cuando las condiciones sean perfectas. No cuando termines de aprender un poco más. Ahora, con lo que tienes, desde donde estás.

Porque la perfecta condición nunca llega. Y mientras esperas que llegue, el prospecto que necesitaba tu propuesta la encontró en otra parte. La ventana de decisión que existía se cerró. El impulso que tenías se diluyó.

El cerebro está listo cuando tú le das la estructura para estarlo.

Y ahora tú tienes esa estructura.

Lo que sigue depende únicamente de ti.

Conclusión

Vender deja de ser difícil cuando entiendes cómo decide el cerebro

Empecé este libro contándote que durante años creé campañas extraordinarias para otros mientras me costaba trabajo aplicar lo mismo para mí. Que el miedo llegó cuando las ventas dejaron de ser conversaciones naturales y se convirtieron en procesos formales con expectativas y presión.

Lo que aprendí en ese recorrido, a través de PNL, neurociencia aplicada, décadas de trabajo en industrias tan distintas como licores, automatización industrial, farmacéutica, tecnología y consultoría, es que vender no es convencer. Nunca lo fue.

Vender es entender cómo decide el cerebro humano y diseñar un proceso que respete esa forma de decidir en lugar de ir en su contra.

Entendiste por qué el momento oportuno importa tanto como el mensaje. Por qué el cerebro necesita cerrar lo que abre y cómo darle la estructura para hacerlo. Por qué el domingo en la noche es una ventana que casi nadie usa. Por qué la ventana de 48 horas es donde se ganan o se pierden la mayoría de las oportunidades. Por qué cada día de la semana tiene una función específica. Por qué las objeciones casi nunca son lo que parecen. Por qué la autoridad no se declara, sino que se demuestra. Y por qué un sistema siempre gana a la improvisación a largo plazo.

Ahora tienes el mapa.

Lo que haces con él es tu decisión.

Las personas no compran porque se les convence.

Compran cuando entienden, confían...

y su cerebro está listo para decidir.

Manual de Ejecución

Sistema Operativo de Ventas Basado en el Cerebro

Por: Pauwerful Strategy

Cómo usar este manual

Este manual no es para leerlo. Es para usarlo.

Está diseñado para que lo tengas abierto mientras trabajas. Para que lo consultes antes de una llamada importante, durante la planificación de tu semana y después de cada conversación para evaluar qué funcionó y qué ajustar.

Está organizado en tres etapas que reflejan el proceso real de una venta: lo que haces antes de la conversación, lo que haces durante y lo que haces después. Cada etapa tiene una lista de verificación, plantillas, guiones y ejercicios con espacio para que los adaptes a tu negocio específico.

No existe un sistema perfecto. Existe un sistema que ejecutas consistentemente hasta que se convierte en segunda naturaleza.

Empieza hoy. Ajusta sobre la marcha. No esperes a tener todo perfecto para comenzar.

ETAPA 1: ANTES

Todo lo que ocurre antes de la conversación determina lo que puede ocurrir durante ella.

LISTA DE VERIFICACIÓN DE PREPARACIÓN — Antes de cada conversación importante

Completa esto antes de cualquier llamada, reunión o presentación de ventas.

☐ Investigué al prospecto antes de la reunión

☐ Conozco su industria, el tamaño de su negocio y su situación general

☐ Identifiqué cuál es el problema más probable que tiene basándome en lo que sé

☐ Tengo claro qué resultado específico puede obtener con mi servicio

☐ Preparé al menos tres preguntas de diagnóstico relevantes para su situación

☐ Definí cuál es el objetivo de esta conversación específica

☐ Sé cuál es el siguiente paso que voy a proponer al final

☐ Tengo agendado el tiempo para el seguimiento dentro de las próximas 48 horas

Mi objetivo para esta conversación es:

____

____

El problema más probable de este prospecto es:

____

____

El resultado específico que puede obtener es:

____

____

El siguiente paso que voy a proponer al final es:

____

____

____

EJERCICIO 1 — Define tu oferta en términos de resultados, no de atributos

Este es el ejercicio más importante del manual. Hazlo una vez, refínalo con el tiempo.

La mayoría de los profesionales describe lo que ofrece en términos de características. Lo que el cerebro del comprador necesita escuchar son resultados.

Completa esta tabla para cada servicio o producto que ofreces:

Servicio 1:

Lo que yo digo que incluye:

____

Lo que el cliente realmente obtiene:

____

El problema específico que resuelve:

____

Cómo cambia la vida o el negocio del cliente después:

____

Mi propuesta de valor en una sola oración: *"Ayudo a [quién] a [resultado específico] sin [frustración que quieren evitar]."*

La mía:

____

Servicio 2:

Lo que yo digo que incluye:

____

Lo que el cliente realmente obtiene:

____

El problema específico que resuelve:

____

Cómo cambia la vida o el negocio del cliente después:

____

____

EL MAPA SEMANAL — Planifica cada semana con intención

Completa esto cada domingo en la noche antes de comenzar la semana.

Esta semana mis objetivos de ventas son:

1. ______________________________________
2. ______________________________________
3. ______________________________________

Prospectos que debo contactar esta semana:

Nombre	Etapa en que está	Día y hora de contacto	Objetivo del contacto

Etapas: E = Exposición / P = Procesamiento / R = Resolución / F = Frío / C = Cerrado

Distribución estratégica de la semana:

Lunes — ¿Qué contenido o mensaje de posicionamiento voy a enviar?

___

Martes — ¿Qué emails importantes o contacto frío tengo programado? ¿A qué hora exacta los envío?

___

Miércoles — ¿Qué presentaciones o llamadas estratégicas tengo agendadas?

___

Jueves — ¿Con quién tengo conversaciones informales, cafés o seguimientos cálidos?

___

Viernes — ¿Qué prospectos están cerca de decidir y puedo facilitar el cierre hoy?

___

___

PLANTILLA DE INVESTIGACIÓN DE PROSPECTO

Completa esto antes de cualquier conversación importante.

Nombre del prospecto:

___

Empresa o negocio:

___

Industria:

___

Lo que sé sobre su situación actual:

___

___

El problema más probable que enfrenta:

___

Lo que ha intentado antes para resolverlo:

___

Por qué mi solución es relevante para su situación específica:

___

___

Preguntas que voy a hacer en la conversación:

1. ___
2. ___
3. ___

Señales de alerta que debo observar:

☐ No tiene claridad sobre su problema

☐ Solo está comparando precios

☐ No tiene urgencia real

☐ Quiere aprender para hacerlo él mismo

☐ La reunión tiene otro propósito no declarado

ETAPA 2: DURANTE

La conversación es donde se construye confianza o se destruye. No es donde se improvisa.

LISTA DE VERIFICACIÓN DE LA CONVERSACIÓN

Marca cada elemento a medida que avanza la conversación.

Apertura:

☐ Establecí el marco de la conversación desde el inicio

☐ Dejé claro que el objetivo es entender su situación, no vender de entrada

☐ El prospecto sabe qué esperar de esta conversación

Diagnóstico:

☐ Pregunté qué está intentando lograr

☐ Pregunté qué lo está frenando

☐ Pregunté qué ha intentado antes

☐ Introduje la variable del tiempo: qué pasa si esto sigue igual

☐ Escuché más de lo que hablé

Conexión:

☐ Identifiqué el problema real detrás de lo que describió

☐ Se lo reflejé con precisión antes de presentar solución

☐ El prospecto confirmó que lo entendí correctamente

Presentación:

☐ Hablé de resultados, no de atributos

☐ Conecté mi solución directamente con su problema específico

☐ Fui claro sobre qué implica avanzar

Cierre:

☐ Pregunté cómo lo ve antes de cerrar

☐ Dejé silencio después de la pregunta de cierre

☐ Definí el siguiente paso con día y hora específicos

☐ El prospecto confirmó el siguiente paso antes de terminar

GUIÓN COMPLETO — Conversación de ventas de 20 minutos

Este guión es una estructura, no un script rígido. Adáptalo a tu voz y a tu industria.

[APERTURA — Minutos 0 a 2]

"Gracias por estar aquí. Antes de empezar quiero contarte cómo funciona esta conversación para que aprovechemos bien el tiempo.

Primero voy a hacerte algunas preguntas para entender bien tu situación. Luego, si tiene sentido, te cuento cómo trabajo. Y al final decidimos juntos si hay un siguiente paso que tenga lógica para los dos.

¿Te parece bien?"

Lo que voy a personalizar en mi apertura:

____

____

____

[DIAGNÓSTICO — Minutos 2 a 8]

Pregunta 1 — Objetivo: "*¿Qué estás intentando lograr exactamente en tu negocio ahora mismo?*"

Mi versión adaptada a mi industria:

___

Pregunta 2 — Bloqueo: "*¿Qué te está frenando para llegar ahí?*"

Mi versión adaptada:

___

Pregunta 3 — Historial: "*¿Qué has intentado antes para resolver esto?*"

___

Mi versión adaptada:

___

Pregunta 4 — Urgencia real: "*¿Qué tan urgente es resolver esto para ti ahora mismo?*"

___

Pregunta 5 — Costo de inacción: "*Si esto sigue igual durante los próximos seis meses, ¿qué cambia en tu negocio?*"

Mi versión adaptada:

___

___

[CONEXIÓN — Minutos 8 a 12]

"Por lo que me estás diciendo, el problema no es [síntoma que mencionó]. Es [problema real que identifiqué]."

(Pausa)

"¿Eso es correcto?"

Espera la confirmación. No sigas hasta que confirme.

Mi versión adaptada:

___

___

___

[PRESENTACIÓN — Minutos 12 a 15]

"Para resolver esto, hay [número] cosas que deben construirse..."

Explica la estructura de tu solución en términos de qué resuelve, no de qué incluye.

Mi estructura de presentación:

___

___

___

"Eso es exactamente lo que hacemos en [nombre de tu servicio o programa]."

___

[OFERTA — Minutos 15 a 18]

"Si sientes que esto es lo que necesitas, te explico cómo funciona.

Explica:

____

____

____

- Qué incluye en términos de proceso
- Cuánto tiempo dura
- Qué soporte tiene
- Cuál es la inversión

Mi presentación de oferta:

____

____

____

____

[CIERRE — Minutos 18 a 20]

"¿Cómo lo ves?"

(Silencio. Deja que el prospecto responda primero.)

Si dice que sí o muestra interés claro: *"Perfecto. El siguiente paso es [acción específica]. ¿Lo agendamos ahora antes de que nos despidamos?"*

Si pide tiempo: *"Claro, tiene todo el sentido. Te propongo esto: te doy hasta el [día específico] para que lo revises. Ese día te escribo y en 15 minutos resolvemos cualquier duda y decidimos. ¿Funciona ese horario?"*

Mi versión del cierre:

____

____

____

GUIONES POR ESCENARIO — Situaciones frecuentes

Escenario 1 — El prospecto dice "déjame pensarlo"

"Claro, es completamente válido. Para ayudarte a pensar con claridad, ¿qué parte de esto genera más duda ahora mismo? A veces lo que parece una decisión grande es una sola pregunta que no hemos respondido."

Mi adaptación:

____

____

____

Escenario 2 — El prospecto dice "el dinero está complicado"

"Entiendo. Antes de hablar de números, quiero entender algo. ¿Es que genuinamente no tienes los recursos en este momento, o hay algo en el proceso que todavía no genera suficiente confianza para comprometerte?"

(Escucha la respuesta. La dirección cambia según lo que diga.)

Mi adaptación:

____

____

____

Escenario 3 — El prospecto dice "necesito consultarlo"

"Por supuesto. ¿Qué información necesita esa persona para tomar la decisión? Así me aseguro de que tienes todo lo que necesitas para esa conversación."

Mi adaptación:

____

____

____

Escenario 4 — El prospecto no está listo todavía

"Entiendo que no es el momento ahora mismo. Lo que voy a hacer es escribirte el [fecha específica] para ver cómo está la situación. ¿Prefieres que te contacte o lo dejamos hasta que tú me escribas?"

Mi adaptación:

____

____

____

Escenario 5 — El prospecto está listo, pero no lo dice directamente

Señales de que está listo: pregunta por precios, pregunta cómo empieza el proceso, pregunta por tiempos de implementación, su atención se desplaza del problema a la solución.

Cuando veas estas señales:

"Por lo que me preguntas, creo que ya tienes suficiente claridad. ¿Avanzamos?"

Mi adaptación:

____

____

____

ETAPA 3: DESPUÉS

La mayoría de las ventas se pierden aquí. La ventana de 48 horas es donde se ganan o se pierden las oportunidades.

LISTA DE VERIFICACIÓN POST-CONVERSACIÓN

Completa esto inmediatamente después de cada conversación importante.

☐ Registré el nombre, fecha y resultado de la conversación

☐ Identifiqué en qué etapa quedó el prospecto

☐ Tengo agendado el siguiente contacto con día y hora específicos

☐ Sé cuál es el objetivo de ese siguiente contacto

☐ Envié el resumen o material prometido en la conversación

☐ Mi seguimiento de día 1 está programado

☐ Mi seguimiento de día 2 está preparado

Resultado de la conversación:

☐ Avanzó — siguiente paso:

____

☐ Necesita tiempo — fecha de seguimiento:

____

☐ No es el momento — fecha de re-contacto:

____

☐ No es mi cliente — razón:

____

Una cosa que funcionó bien en esta conversación:

____

Una cosa que voy a hacer diferente la próxima vez:

____

____

SISTEMA DE SEGUIMIENTO DE 48 HORAS

Día 0 — Al terminar la conversación:

Antes de despedirte, confirma el siguiente paso en voz alta.

"Entonces quedamos en que el [día] a las [hora] te llamo para resolver dudas y definir si avanzamos. ¿Correcto?"

Anota aquí: Prospecto:

____

Siguiente contacto:

____

Objetivo de ese contacto:

____

Día 1 — Dentro de las primeras 24 horas:

Plantilla de mensaje — Día 1:

"Hola [nombre], como quedamos, te escribo hoy.

Lo que hablamos fue claro: el problema es [X] y lo que propongo resuelve [Y].

Si tienes alguna duda antes de nuestra conversación del [día], escríbeme ahora que todavía está fresco.

Nos vemos el [día] a las [hora]."

Mi versión personalizada:

____

____

____

____

Día 2 — Cierre de ventana:

Plantilla de mensaje — Día 2:

"Hola [nombre], mañana es nuestra conversación a las [hora].

Si algo cambió de tu lado, dímelo ahora para que ajustemos.

Si todo sigue igual, nos vemos mañana y definimos el siguiente paso."

Mi versión personalizada:

____

____

____

Plantilla para reactivar un prospecto que se enfrió:

"Hola [nombre], han pasado unas semanas desde que hablamos sobre [tema específico].

Quería escribirte porque el problema que me describiste no es el tipo de cosa que se resuelve solo con el tiempo.

Si sigue siendo relevante para ti, este es buen momento para retomarlo.

¿Tienes 20 minutos esta semana?"

Mi versión personalizada:

Plantilla para el domingo en la noche — Prospecto que lleva semanas evaluando:

"Son las [hora] del domingo y estás leyendo esto, lo que probablemente significa que estás en ese momento de pensar en la semana que viene.

Si [problema específico] sigue siendo algo que no has podido resolver, esta semana puede ser diferente.

Te dejo este espacio abierto hasta el lunes a las 12 p.m.

Si quieres tomarlo, solo responde este mensaje."

Mi versión personalizada:

REGISTRO DE SEGUIMIENTO SEMANAL

Usa esta tabla para tener visibilidad de todos tus prospectos activos.

Nombre	Fecha último contacto	Etapa	Próximo contacto	Objetivo

Etapas: E = Exposición / P = Procesamiento / R = Resolución / F = Frío / C = Cerrado

EJERCICIO FINAL — Tu SOP de ventas

Un SOP, o procedimiento operativo estándar, es lo que convierte tu proceso de ventas de algo que vive en tu cabeza a algo que funciona independientemente de cómo amaneciste.

Documenta tu proceso completo respondiendo estas preguntas:

¿Cómo llega un prospecto nuevo a ti?

____

____

¿Qué ocurre en las primeras 24 horas después del primer contacto?

____

____

¿Cómo calificas si un prospecto es adecuado para tu servicio?

____

____

¿Cuántos puntos de contacto hay entre el primer mensaje y la decisión?

____

¿Qué ocurre exactamente después de que alguien dice que sí?

____

____

¿Qué ocurre exactamente después de que alguien dice que no o que no es el momento?

____

____

¿Qué parte de tu proceso puede automatizarse?

____

____

¿Qué parte requiere tu presencia personal y no puede delegarse?

____

____

____

Una última cosa

Este manual funciona si lo usas.

No si lo lees una vez y lo guardas. No si esperas el momento perfecto para implementarlo. No si lo modificas infinitamente antes de probarlo.

Funciona si lo abres la próxima vez que tengas una conversación de ventas y sigues la estructura. Si lo usas el próximo domingo para planificar tu semana. Si completas la lista de verificación post-conversación después de tu próxima llamada.

El sistema más poderoso no es el más sofisticado.

Es el que ejecutas.

Reto de 30 Días

Vende Cuando el Cerebro Está Listo

El sistema que funciona cuando tú lo ejecutas

Antes de empezar

Este reto está diseñado con la misma neurociencia que describe el libro.

Tiene una fecha límite. Tiene estructura diaria. Tiene la sensación de cierre inminente que activa exactamente los mismos mecanismos que hacen que los viernes sean más productivos que los lunes. No es casualidad. Es intencional.

Treinta días no es mucho tiempo. Es suficiente para construir un mapa semanal que funcione de manera consistente y para identificar y eliminar los puntos de fricción que te están costando ventas sin que lo sepas.

Lo que no es este reto: una lista de tareas para sentirte ocupado. Cada acción tiene un propósito específico dentro del sistema. Si la haces sin entender por qué, es movimiento. Si la haces con intención, es progreso.

Tres reglas antes de empezar:

Regla 1: Completa la acción del día antes de leer la del día siguiente. El orden importa.

Regla 2: Escribe tus respuestas. El cerebro procesa diferente cuando escribe versus cuando solo piensa. No saltes los espacios en blanco.

Regla 3: Hecho es mejor que perfecto. No esperes tener la respuesta ideal para avanzar. Escribe lo que tienes ahora y refínalo después.

Tu fecha de inicio:

____

Tu fecha de finalización:

____

Lo que quiero haber logrado al día 30:

____

____

____

SEMANA 1: DIAGNÓSTICO

Días 1 al 7 — Antes de construir cualquier sistema, necesitas ver con claridad lo que está pasando ahora mismo.

El objetivo de esta semana no es cambiar nada. Es observar todo.

DÍA 1 — El inventario honesto

Hoy no haces nada nuevo. Hoy miras lo que tienes.

Lista todos los prospectos con los que has tenido conversaciones en los últimos 90 días que no resultaron en un cierre. Para cada uno, anota brevemente por qué crees que no avanzó.

Nombre o referencia	¿Por qué no cerró?

Ahora mira la lista completa. ¿Ves algún patrón que se repite?

El patrón que más se repite es:

____

Eso es tu primer punto de fricción. Guárdalo. Lo vas a necesitar esta semana.

DÍA 2 — Cómo estás terminando tus conversaciones

Hoy tienes una sola pregunta que responder con honestidad.

De las últimas diez conversaciones de ventas que tuviste, ¿cuántas terminaron con un siguiente paso agendado con día y hora específicos?

Número: _______

Si la respuesta es menos de siete, aquí está uno de tus puntos de fricción principales. Las conversaciones que terminan sin estructura no mueren por falta de interés. Mueren por falta de dirección.

Escribe cómo terminan normalmente tus conversaciones ahora mismo:

____

____

Escribe cómo quieres que terminen después de este reto:

____

____

____

DÍA 3 — Tu oferta en términos de resultados

Escribe cómo describes lo que ofreces normalmente cuando alguien te pregunta qué haces:

____

____

Ahora responde estas tres preguntas sobre tu servicio principal:

¿Qué problema específico resuelve?

____

¿Cómo cambia la vida o el negocio del cliente después de trabajar contigo?

____

¿Qué pierde el cliente si no lo resuelve?

____

Ahora escribe tu propuesta de valor usando solo los resultados, sin mencionar características ni atributos:

____

____

Si te costó trabajo escribirla sin mencionar lo que incluye tu servicio, eso es un punto de fricción. El cerebro del comprador necesita escuchar resultados, no características.

DÍA 4 — El mapa de tu proceso actual

Dibuja o describe cada paso que ocurre desde que un prospecto te contacta por primera vez hasta que toma una decisión. No lo que debería ocurrir. Lo que realmente ocurre ahora mismo.

Paso 1: ______________________________

Paso 2: ______________________________

Paso 3: ______________________________

Paso 4: ______________________________

Paso 5: ______________________________

Paso 6: ______________________________

Para cada paso responde: ¿Está documentado o vive en tu memoria?

☐ Documentado ☐ En mi memoria — Paso 1

☐ Documentado ☐ En mi memoria — Paso 2

☐ Documentado ☐ En mi memoria — Paso 3

☐ Documentado ☐ En mi memoria — Paso 4

☐ Documentado ☐ En mi memoria — Paso 5

☐ Documentado ☐ En mi memoria — Paso 6

Cada paso que vive solo en tu memoria es una vulnerabilidad. Si tienes un mal día, ese paso falla.

DÍA 5 — Tu relación con el seguimiento

Responde con honestidad:

¿Cuánto tiempo pasa normalmente entre una conversación importante y tu primer seguimiento?

☐ Menos de 24 horas

☐ Entre 1 y 3 días

☐ Entre 3 y 7 días

☐ Más de una semana

☐ Espero que el prospecto me escriba

¿Qué sientes cuando piensas en hacer seguimiento?

☐ Es parte natural de mi proceso

☐ Me genera algo de incomodidad

☐ Lo evito cuando puedo

☐ Me genera miedo al rechazo

Si marcaste cualquier opción que no sea la primera, tienes un punto de fricción conductual que está costándote ventas. No es un problema de habilidad. Es un patrón que se puede cambiar con estructura.

Lo que me impide hacer seguimiento consistente es:

____

____

____

Lo que voy a hacer diferente a partir de esta semana:

____

____

DÍA 6 — Audita tu semana anterior

Mira la semana que acaba de pasar y responde:

¿En qué días intentaste cerrar ventas?

____

¿En qué días enviaste propuestas o presentaciones importantes?

____

¿Hubo alguna lógica detrás de esos días o fue lo que resultó conveniente?

____

¿Qué día de la semana pasada tuvo mejor respuesta de tus prospectos?

____

Si no tienes esta información, empieza a registrarla desde hoy. No puedes optimizar lo que no mides.

____

DÍA 7 — El resumen de la semana 1

Hoy no hay nueva acción. Hoy consolidas lo que descubriste.

Lista los tres puntos de fricción más importantes que identificaste esta semana:

Punto de fricción 1:

____

____

Punto de fricción 2:

____

____

Punto de fricción 3:

____

____

Estos tres puntos son lo que vas a trabajar durante las próximas tres semanas. El diagnóstico está hecho. Ahora empieza la construcción.

SEMANA 2: SISTEMA

Días 8 al 14 — Esta semana construyes la estructura que va a reemplazar la improvisación.

El objetivo de esta semana es documentar, estandarizar y diseñar.

DÍA 8 — Define tu oferta con precisión

Toma lo que escribiste el Día 3 y refínalo.

Mi servicio principal se llama:

____

El problema específico que resuelve:

____

A quién va dirigido exactamente:

___

Qué resultado concreto obtiene el cliente:

___

En cuánto tiempo:

___

Qué lo diferencia de otras opciones disponibles:

___

Mi precio y por qué ese precio refleja el valor que entrego:

___

Practica decir esto en voz alta hasta que suene natural. Si todavía suena forzado, reescríbelo con tus propias palabras.

___

DÍA 9 — Diseña tu secuencia de seguimiento

A partir de hoy, cada conversación importante termina con esta estructura. Complétala con tus palabras.

Al terminar la conversación digo:

___

___

Mi mensaje de seguimiento día 1 dice:

___

___

___

Mi mensaje de seguimiento día 2 dice:

____

____

____

Si no hay respuesta después del día 2, mi siguiente acción es:

____

Guarda esto donde puedas consultarlo fácilmente. Esta es tu secuencia estándar. Úsala en cada conversación a partir de hoy.

____

DÍA 10 — Construye tu mapa semanal base

Este es el mapa que vas a usar como punto de partida cada semana. Adáptalo según tu industria y tu mercado.

Domingo en la noche: Acción fija que hago cada domingo:

____

Lunes: Tipo de contenido o mensaje que publico o envío:

____

Objetivo de ese contenido:

____

Martes: Tipo de comunicación que envío:

____

Hora exacta de envío: _______

Objetivo:

____

Miércoles: Tipo de reuniones o conversaciones que agendo:

____

Objetivo:

____

Jueves: Tipo de seguimiento o conversación informal:

____

Objetivo:

____

Viernes: Acción específica de cierre:

____

Objetivo:

____

____

DÍA 11 — Estandariza tu conversación de ventas

Escribe tu guión personalizado usando la estructura del manual. No tiene que ser perfecto. Tiene que ser tuyo.

Mi apertura:

____

____

Mis tres preguntas de diagnóstico más importantes:

1. ______________________________________
2. ______________________________________
3. ______________________________________

Cómo reflejo el problema antes de presentar mi solución:

____

____

Cómo presento mi solución en términos de resultados:

____

____

Mi pregunta de cierre:

____

Cómo defino el siguiente paso:

____

____

DÍA 12 — Prepara tus respuestas a objeciones frecuentes

Lista las tres objeciones que más escuchas:

Objeción 1:

____

Mi respuesta actual:

____

Mi respuesta mejorada usando lo del libro:

____

Objeción 2:

____

Mi respuesta actual:

____

Mi respuesta mejorada:

Objeción 3:

Mi respuesta actual:

Mi respuesta mejorada:

DÍA 13 — Identifica qué puedes automatizar

Revisa tu proceso del Día 4 y marca qué pasos pueden automatizarse:

☐ Confirmaciones de reuniones

☐ Recordatorios de seguimiento

☐ Envío de propuestas estándar

☐ Mensajes de bienvenida a nuevos clientes

☐ Seguimiento a prospectos que no están listos todavía

☐ Otro:

¿Qué herramienta vas a usar para automatizar?

Fecha en que lo vas a implementar:

DÍA 14 — El resumen de la semana 2

Esta semana construiste la estructura. Antes de avanzar, verifica:

☐ Tengo mi oferta definida en términos de resultados

☐ Tengo mi secuencia de seguimiento de 48 horas documentada

☐ Tengo mi mapa semanal base diseñado

☐ Tengo mi guión de conversación de ventas escrito

☐ Tengo mis respuestas a objeciones preparadas

☐ Identifiqué qué puedo automatizar

Si marcaste todo, estás listo para la semana 3. Si hay casillas sin marcar, dedica hoy a completarlas antes de avanzar.

SEMANA 3: EJECUCIÓN

Días 15 al 21 — Esta semana aplicas el sistema en conversaciones reales.

El objetivo de esta semana es usar lo que construiste y observar qué funciona.

DÍA 15 — Primera semana con el mapa

Hoy es el primer día que ejecutas tu mapa semanal de manera intencional.

Abre tu agenda y distribuye tus acciones de ventas según el mapa que diseñaste la semana pasada. No según lo que resulte conveniente. Según el ritmo cognitivo de la semana.

¿Qué moviste o ajustaste en tu agenda de esta semana?

____

____

¿Qué resistencia sentiste al hacerlo?

____

____

DÍA 16 — Practica el diagnóstico

En tu próxima conversación con un prospecto, enfócate en una sola cosa: hacer preguntas y escuchar más de lo que hablas.

Después de la conversación responde:

¿Cuál fue el problema real del prospecto detrás de lo que describió inicialmente?

____

¿Lograste reflejárselo antes de presentar tu solución?

☐ Sí ☐ No ☐ Parcialmente

¿Qué cambiarías en las preguntas que hiciste?

____

____

DÍA 17 — Ejecuta la secuencia de seguimiento

Hoy aplicas tu secuencia de seguimiento de 48 horas en al menos una conversación o en un prospecto que tengas pendiente.

Prospecto al que le apliqué la secuencia:

____

Mensaje que envié:

____

____

Respuesta que obtuve:

____

¿Qué aprendiste de este seguimiento?

____

____

DÍA 18 — Cierra con estructura

En tu próxima conversación, practica definir el siguiente paso antes de despedirte. No termines ninguna conversación sin una fecha y hora acordadas.

¿Cómo terminaste la conversación?

____

¿El prospecto confirmó el siguiente paso? ☐ Sí ☐ No

Si no confirmó, ¿qué ocurrió?

____

¿Qué harías diferente?

____

____

DÍA 19 — El café del jueves

Si hoy es jueves, agenda una conversación informal con un prospecto que esté cercano a decidir. No una reunión de ventas formal. Un café, una llamada corta sin agenda rígida.

Si no es jueves, úsalo para identificar a los prospectos con quienes harás esto el próximo jueves.

Prospectos para conversación informal del próximo jueves:

1. ____

2. ____

¿Qué quieres lograr en esa conversación?

____

____

DÍA 20 — Revisa tus números

Hoy mides. Sin números no hay sistema. Solo intuición.

Esta semana: Número de conversaciones de ventas que tuve:

Número que terminaron con siguiente paso agendado:

____

Número de seguimientos que hice dentro de las 48 horas:

____

Número de cierres o avances significativos: ________

¿Qué día de la semana tuvo mejor respuesta?

____

¿Qué día tuvo menor respuesta?

___

¿Qué vas a ajustar la próxima semana basándote en estos números?

___

___

DÍA 21 — El resumen de la semana 3

Esta semana ejecutaste. Eso es lo más importante.

Lo que funcionó mejor esta semana:

___

___

El punto de fricción que eliminé esta semana:

___

El punto de fricción que todavía necesita trabajo:

___

Una cosa que voy a hacer diferente la próxima semana:

___

___

SEMANA 4: CONSISTENCIA

Días 22 al 30 — Esta semana conviertes el sistema en hábito.

El objetivo de esta semana no es aprender nada nuevo. Es repetir con intención hasta que el sistema sea automático.

DÍA 22 — Segunda semana con el mapa

Ejecuta tu mapa semanal por segunda semana consecutiva. Esta semana con los ajustes que identificaste la semana pasada.

¿Qué ajustaste en tu mapa esta semana basándote en lo que aprendiste?

____

____

____

DÍA 23 — Trabaja un punto de fricción específico

Toma el punto de fricción que identificaste el Día 21 como pendiente y diseña una solución específica.

El punto de fricción es:

____

La causa raíz es:

____

La solución que voy a implementar es:

____

Fecha en que lo voy a implementar:

____

____

DÍA 24 — Actualiza tu SOP

Toma el proceso que documentaste en la Semana 2 y actualízalo con lo que aprendiste en la Semana 3. Un SOP que no se actualiza con la realidad deja de ser útil.

¿Qué cambios le hiciste a tu proceso documentado?

____

____

____

DÍA 25 — Reactiva tres prospectos fríos

Identifica tres prospectos con quienes tuviste conversaciones en los últimos 90 días que no avanzaron. Envíales un mensaje de reactivación usando la plantilla del manual adaptada a su situación específica.

Prospecto 1:

____

Mensaje enviado:

____

Respuesta:

____

Prospecto 2:

____

Mensaje enviado:

____

Respuesta:

____

Prospecto 3:

____

Mensaje enviado:

____

Respuesta:

____

DÍA 26 — Evalúa tu mapa semanal

Llevas dos semanas ejecutando el mapa. Hoy lo evalúas con datos reales.

¿Qué día de la semana está produciendo más resultados?

____

¿Qué día está produciendo menos?

____

¿Qué tipo de mensaje está generando más respuesta?

____

¿Qué ajuste definitivo vas a hacer a tu mapa basándote en estos datos?

____

____

____

DÍA 27 — El domingo en la noche como hábito

Hoy defines tu rutina de domingo en la noche de manera formal. No como algo que haces cuando recuerdas sino como una práctica fija inamovible.

Mi rutina de domingo en la noche dura: _______ minutos

Lo que hago durante esos minutos:

1. ____
2. ____
3. ____

La hora fija en que lo hago cada domingo:

____

Esta rutina es el punto de partida de tu sistema cada semana. Sin ella, el lunes empieza en reactivo. Con ella, empieza con dirección.

DÍA 28 — Mide la semana completa

Esta semana:

Número de conversaciones de ventas que tuve: _______
Número que terminaron con siguiente paso agendado: _______

Número de seguimientos dentro de las 48 horas: _______
Número de cierres o avances significativos: _______

Número de prospectos fríos reactivados: _______

Compara con los números de la Semana 3:

¿Mejoró la tasa de conversaciones con siguiente paso agendado? ☐ Sí ☐ No ☐ Igual

¿Mejoró la consistencia del seguimiento? ☐ Sí ☐ No ☐ Igual

¿Cuál fue el cambio más significativo entre semana 3 y semana 4?

____

____

DÍA 29 — Los tres puntos de fricción eliminados

Regresa al Día 7 donde listaste tus tres puntos de fricción principales.

Punto de fricción 1:

____

¿Está eliminado o reducido significativamente?

☐ Eliminado ☐ Reducido ☐ Todavía presente

¿Qué lo resolvió?

____

Punto de fricción 2:

____

¿Está eliminado o reducido significativamente?

☐ Eliminado ☐ Reducido ☐ Todavía presente

¿Qué lo resolvió?

____

Punto de fricción 3:

____

¿Está eliminado o reducido significativamente?

☐ Eliminado ☐ Reducido ☐ Todavía presente

¿Qué lo resolvió?

____

____

DÍA 30 — El cierre

Llegaste al día 30. Eso ya dice algo sobre ti.

La mayoría de las personas que compran un libro de negocios no pasan del tercer capítulo. Las que llegan al día 30 de un reto de implementación son exactamente las que mencioné en el Capítulo 10: las que ya resolvieron la conversación con el miedo y decidieron que el costo de quedarse igual es mayor que el riesgo de avanzar.

Responde estas preguntas finales:

¿Tengo mi mapa semanal funcionando de manera consistente?

☐ Sí, lo uso cada semana con intención

☐ Parcialmente, todavía hay días que improviso

☐ Todavía estoy construyendo el hábito

¿Identifiqué y trabajé mis principales puntos de fricción?

☐ Sí, los tres están eliminados o significativamente reducidos

☐ Dos de tres están resueltos

☐ Uno está resuelto, los otros todavía necesitan trabajo

El cambio más importante que ocurrió en mi proceso de ventas durante estos 30 días:

____

____

Lo que voy a seguir construyendo a partir de mañana:

____

____

Una cosa que aprendí sobre mí mismo como vendedor o dueño de negocio:

____

____

Lo que sigue después del día 30

Un sistema no se termina de construir en 30 días. Se refina con cada semana que pasa, con cada conversación que tienes, con cada número que mides.

Lo que sí ocurre en 30 días es el hábito. Y el hábito es lo que convierte el conocimiento en resultados consistentes.

Sigue ejecutando tu mapa semanal cada semana. Sigue midiendo. Sigue ajustando. Sigue eliminando fricción donde la encuentres.

Y recuerda lo más importante de todo lo que leíste en este libro:

El cerebro está listo cuando tú le das la estructura para estarlo.

Ahora tienes esa estructura. Úsala.

Sobre la Autora

Paulette Hernández Millán

Hay personas que aprenden a vender en un curso.

Yo aprendí vendiendo galletas como niña escucha, escribiendo poemas de amor para muchachos de escuela, montando un centro de tutorías a los 14 años y trabajando en perfumería a los 15. Antes de tener un bachillerato, antes de trabajar con marcas globales y antes de hablar frente a miles de personas en eventos internacionales, ya sabía que las ventas no son técnica. Son conexión humana.

Lo que vino después fue construir el sistema alrededor de esa intuición.

Con más de 20 años de experiencia en industrias tan distintas como licores, automatización industrial, tecnología, farmacéutica, hospitalidad y servicios profesionales, desarrollé una metodología que combina lo que aprendí mientras trabajaba en corporaciones con lo que descubrí estudiando comportamiento humano, PNL y neurociencia aplicada. No porque sea una combinación elegante sino porque es la única que produce resultados consistentes en el mundo real.

Soy fundadora de **Pauwerful Strategy**, una firma boutique de estrategia de mercadeo y ventas que trabaja con empresas, emprendedores y profesionales a nivel internacional. A través de **Empauwer U Academy**, mi academia de formación, he capacitado a cientos de personas en el uso estratégico de la inteligencia artificial, la construcción de marca y la creación de sistemas de ventas que funcionan independientemente de si tienes un buen día o no.

Me conocen como **The Marketing Witch™**. No es un título que elegí. Es el que me dio una audiencia en Belgrado,

Serbia, después de una conferencia donde dijeron que entraba en la mente y el alma de las personas y además producía resultados reales. Lo acepté porque describe exactamente lo que hago: combinar análisis profundo del comportamiento humano con estrategia de negocio para crear sistemas que funcionan donde otros solo crean movimiento.

Este libro es el resultado de todo eso. De los fracasos que me obligaron a construir sistemas. De los clientes que me enseñaron que el problema casi nunca es el mensaje. De las conversaciones que me demostraron que el cerebro decide mucho antes de que el vendedor crea que está cerrando.

Si algo de lo que leíste resonó contigo, no es coincidencia.

Es que el cerebro, cuando recibe la información correcta en el momento correcto, siempre lo sabe.

Conecta con Paulette

Si quieres aplicar este sistema en tu negocio, llevar tu equipo de ventas al siguiente nivel o trabajar directamente con Paulette y su equipo en Pauwerful Strategy, aquí puedes encontrarla:

Website: www.pauwerfulstrategy.com

Recurso gratuito: Accede a *Los 5 Arquetipos del Comprador que no Cierra* diseñado para ayudarte a implementar el sistema de este libro desde el primer día.

https://25f73e43-e900-4c82-b318-0f090d38bbd6.usrfiles.com/ugd/25f73e_cf5ef16c333d45fcb5ad3137702d2fcc.pdf

Referencias

Fuentes científicas y académicas

Dai, H., Milkman, K. L., & Riis, J. (2014). The fresh start effect: Temporal landmarks motivate aspirational behavior. *Management Science*, 60(10), 2563–2582.

Evans, J. St. B. T., & Stanovich, K. E. (2013). Dual-process theories of higher cognition: Advancing the debate. *Perspectives on Psychological Science*, 8(3), 223–241.

Fogg, B. J. (2009). A behavior model for persuasive design. *Proceedings of the 4th International Conference on Persuasive Technology*, ACM.

Kahneman, D., Knetsch, J. L., & Thaler, R. H. (1991). Anomalies: The endowment effect, loss aversion, and status quo bias. *Journal of Economic Perspectives*, 5(1), 193–206.

Kivetz, R., Urminsky, O., & Zheng, Y. (2006). The goal-gradient hypothesis resurrected: Purchase acceleration, illusionary goal progress, and customer retention. *Journal of Marketing Research*, 43(1), 39–58.

Schultz, W. (2015). Neuronal reward and decision signals: From theories to data. *Physiological Reviews*, 95(3), 853–951.

Tice, D. M., Baumeister, R. F., Shmueli, D., & Muraven, M. (2007). Restoring the self: Positive affect helps improve self-regulation following ego depletion. *Journal of Experimental Social Psychology*, 43(3), 379–384.

Zeigarnik, B. (1927). Über das Behalten von erledigten und unerledigten Handlungen. *Psychologische Forschung*, 9, 1–85.

Nota sobre el efecto Zeigarnik: El artículo original de Bluma Zeigarnik fue publicado en alemán en 1927. La descripción de su observación en restaurantes y el concepto de tareas incompletas en memoria ha sido ampliamente documentada en la literatura de psicología cognitiva posterior.

Libros de aplicación práctica

Ariely, D. (2008). *Predictably Irrational: The Hidden Forces That Shape Our Decisions.* HarperCollins.

Cialdini, R. B. (2006). *Influence: The Psychology of Persuasion.* Harper Business.

Damasio, A. (1994). *Descartes' Error: Emotion, Reason, and the Human Brain.* Putnam Publishing.

Duhigg, C. (2012). *The Power of Habit: Why We Do What We Do in Life and Business.* Random House.

Heath, C., & Heath, D. (2007). *Made to Stick: Why Some Ideas Survive and Others Die.* Random House.

John, D., & Paisner, D. (2016). *The Power of Broke: How Empty Pockets, a Tight Budget, and a Hunger for Success Can Become Your Greatest Competitive Advantage.* Crown Business.

Kahneman, D. (2011). *Thinking, Fast and Slow.* Farrar, Straus and Giroux.

Pink, D. H. (2012). *To Sell Is Human: The Surprising Truth About Moving Others.* Riverhead Books.

Rackham, N. (1988). *SPIN Selling.* McGraw-Hill.

Thaler, R. H., & Sunstein, C. R. (2008). *Nudge: Improving Decisions About Health, Wealth, and Happiness.* Yale University Press.

www.ingramcontent.com/pod-product-compliance
Lightning Source LLC
LaVergne TN
LVHW091002080826
845145LV00003B/1100

* 9 7 8 1 7 3 7 1 1 2 1 2 9 *